唐　閻立本，〈列帝圖〉｜相傳唐朝閻立本繪〈列帝圖〉之陳文帝，頭戴菱角巾，身披鹿皮裘，坐於御床上，二名宮女侍立於後。

南朝　畫像磚｜南朝貴婦與隨行樂伎。雲鬢高聳，仿效飛天，衣袂飄飄，長裙曳地，著笏頭履，以便行走。

南朝　王僧虔，〈劉伯寵帖〉｜王僧虔在南朝有書法第一之稱，曾被齊高帝蕭道成挑戰書法。寫完後皇帝問誰第一，他答道：「臣書法第一，陛下也是第一。」

南朝　石鎮墓獸｜背上有尖凸是鎮墓獸的特色。

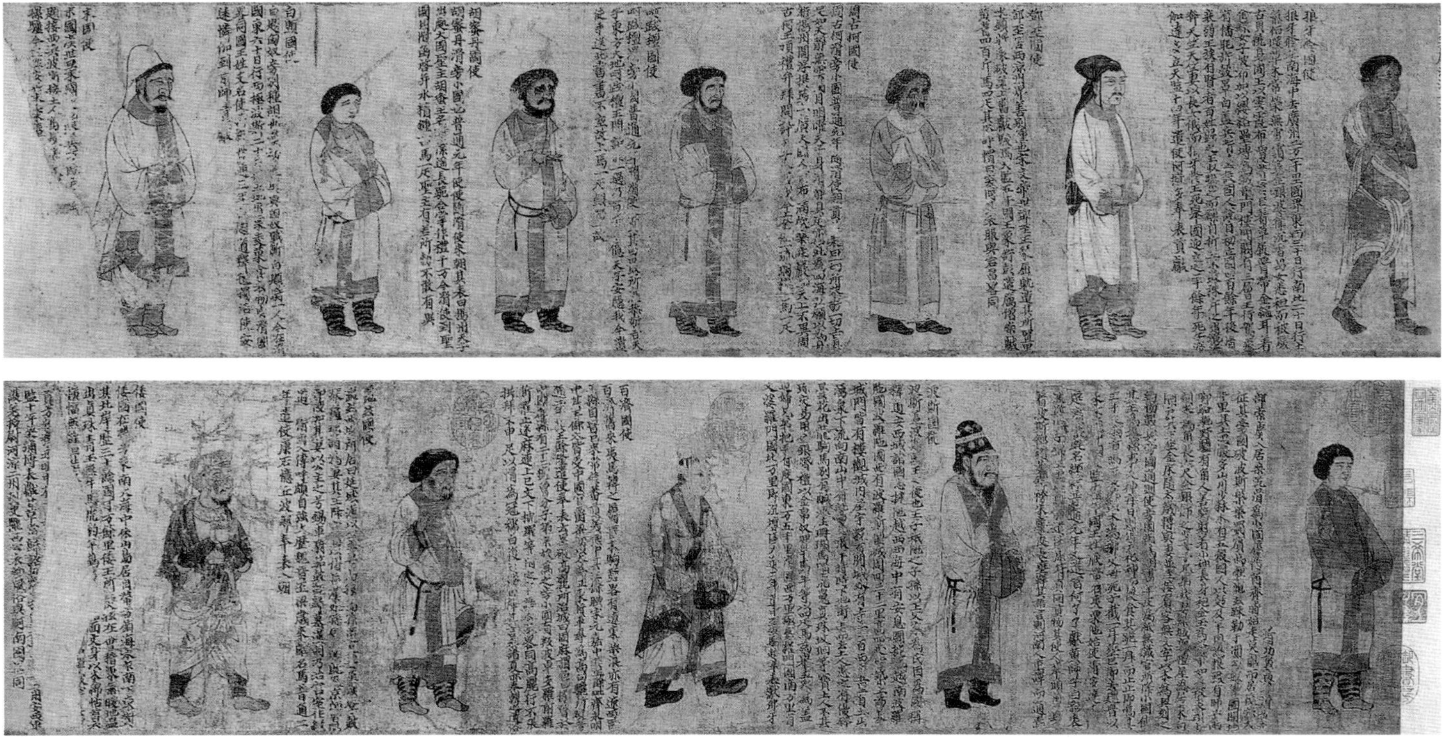

〈**職貢圖**〉｜原圖南梁元帝蕭繹繪，現存宋人摹本殘卷，僅存十二國貢使。由左到右為：末國、白題、胡蜜丹、呵跋檀、周古柯、鄧至、狼牙修、倭、龜茲、百濟、波斯、滑／嚈噠國使。

〈淳化閣帖〉中所收之南朝孔琳之，日月帖｜南朝行草書法繼承東晉以來流轉飄逸的傳統。

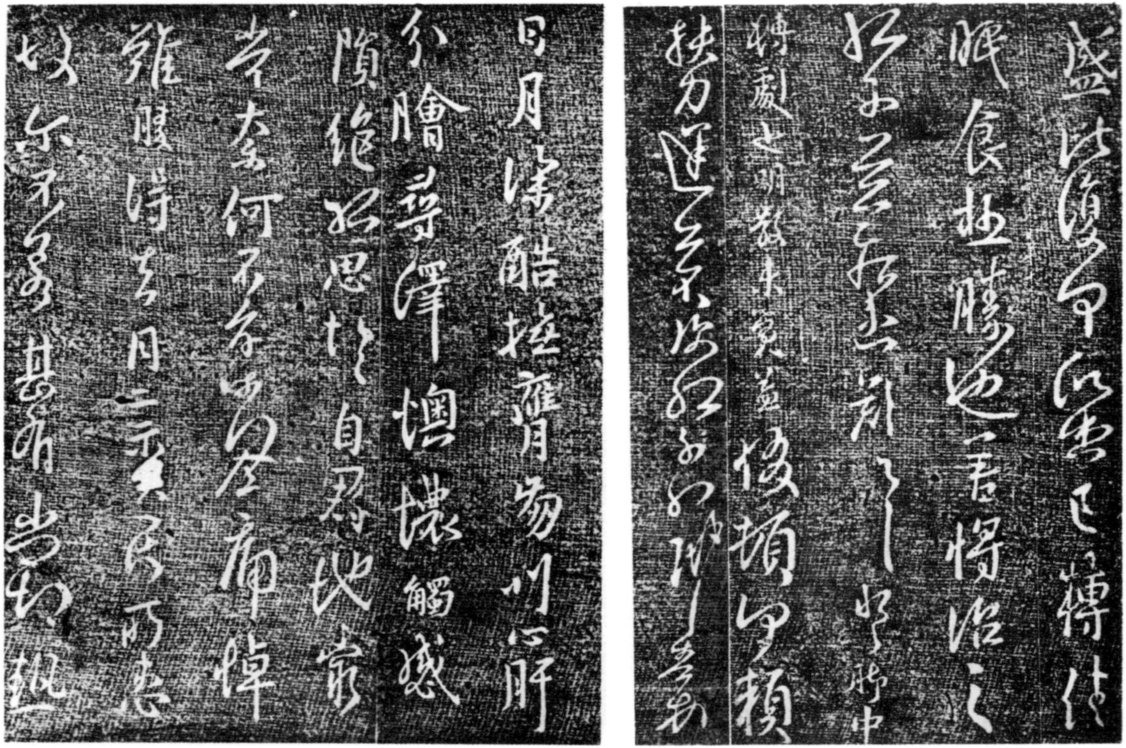

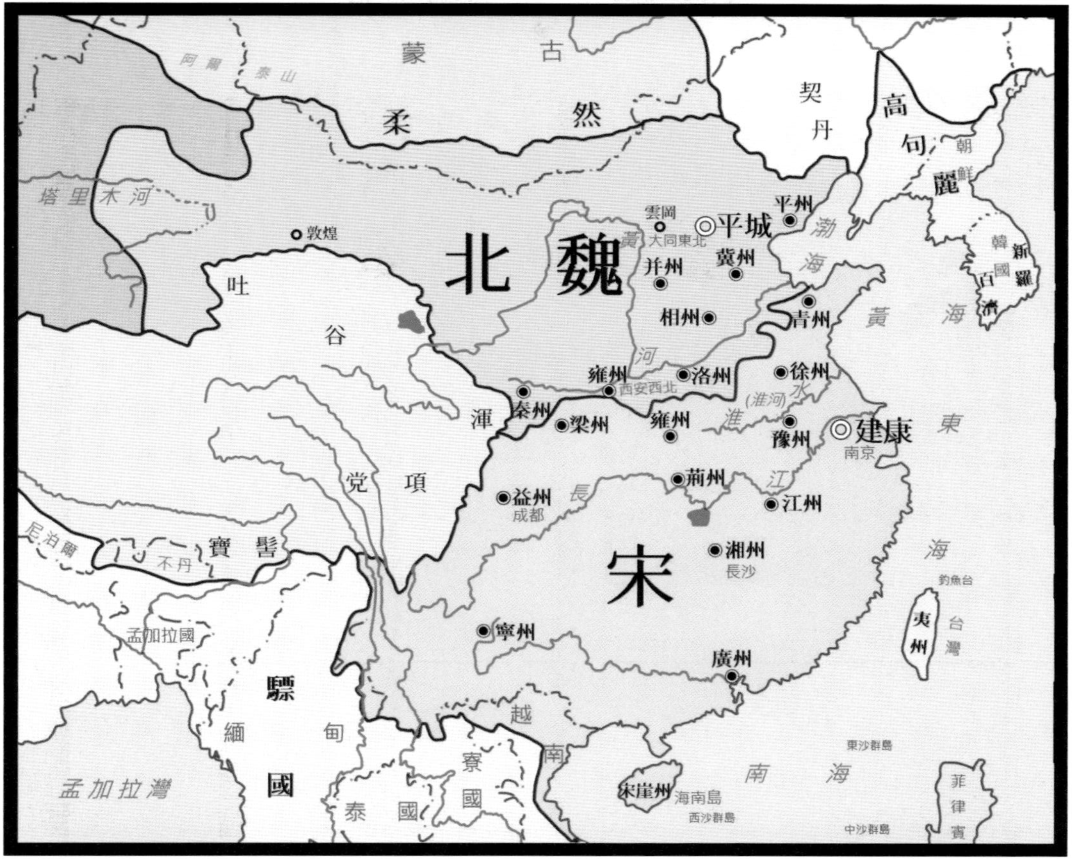

南北朝前期地圖（約四五〇年初）

南北朝後期地圖（約五七三年初）

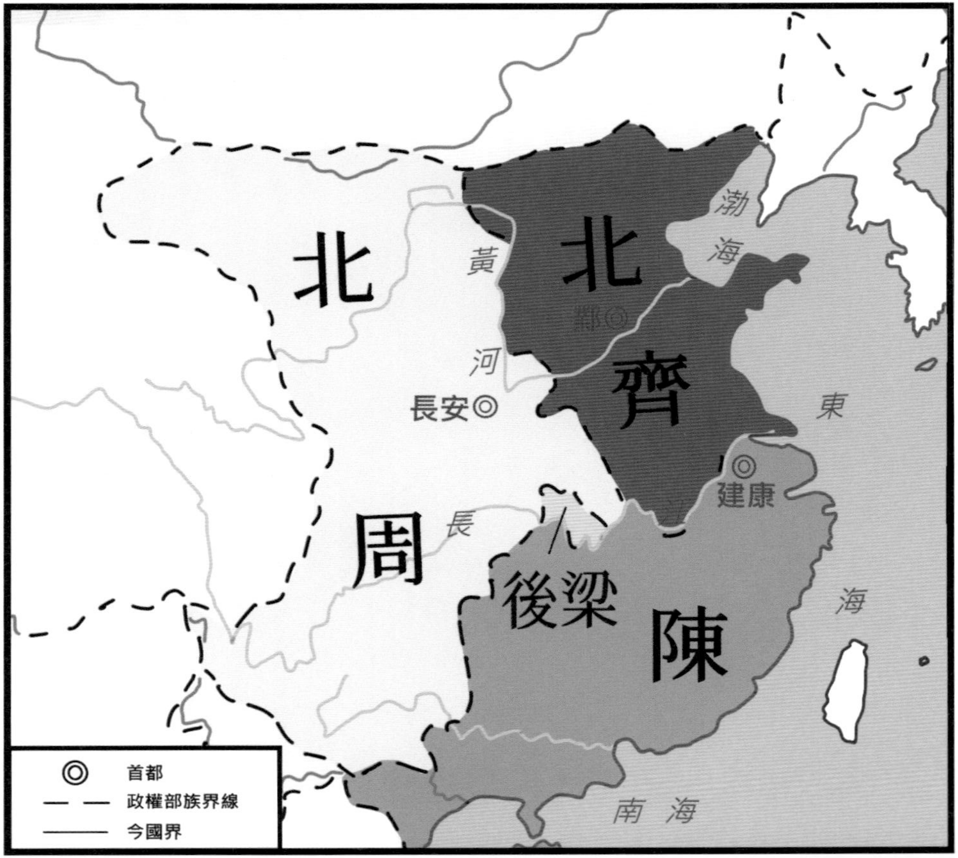

葉言都探歷史

讓我們來到南朝

尋，江南煙雨花落盡

葉言都——著

讓我們來到南朝

【推薦二】

南北朝文史走讀，出發！

簡靜惠　洪建全教育文化基金會董事長

二〇〇三年敏隆講堂有幸邀請葉嘉瑩教授，從天津來臺北主講「談詩論詞系列講座」。在宴席間認識葉教授的姪兒葉言都老師，得知他是我臺大歷史系的學弟，當下就邀約他到敏隆講堂來開課。

葉言都老師與我都曾是許倬雲院士門下，許老師教誨我們：對社會要抱有一種共同關心，那就是學歷史的人，透過恰當的管道或方式，建立一個機制，把他們的社會關懷和研究結果，介紹給大眾。

四十多年來，我透過洪建全基金會敏隆講堂，有系統有計畫地把人文價值與關懷傳承散布！

而葉老師的民間講學書寫更是一步一腳印地落實，他以「夜讀史書系列」，讓講堂的週一夜晚，徜徉在歷史的洪流中，走入浩瀚的時空與人文交織的篇篇故事！

葉老師也是一位有高度文化鑑賞的導賞導遊者，每季固定帶講堂學員走讀臺灣，深度認識臺灣之美。

葉老師也是科幻小說家，想像力與推理能力都很強，又有家學淵源的詩詞修養。因此《讓我們來到南朝》、《讓我們來到北朝》這兩本書，肯定會給我們很大的驚喜與收穫！

【推薦二】

分裂容易統一難？——讀南北朝史有感

謝小韞　前臺北市文化局長

歲月匆匆，轉眼間在敏隆講堂上葉言都老師的歷史課「夜讀史書系列」，已數易寒暑，不僅獲益匪淺，亦深受啟發，而心中一直期待能進一步拜讀老師大作，如今終於等到了「葉言都探歷史」《讓我們來到南朝》、《讓我們來到北朝》兩書的出版問世！

博古通今的葉老師，上課時總是旁徵博引，不拘一家之言，以期學生們對歷史能有較寬廣的視野。以南北朝史為例，葉老師開宗明義指出，南北朝常被史家所忽略，然而它卻是一個政治大分裂、文化大碰撞與民族大融合的時代，在中國的歷史長河中有極重要地位。

葉老師以深厚的學養，爬梳龐雜的史料，釐清歷史的真實面貌，帶領我們走進最繁雜多變的南方與北方對立的時期，一探在隋唐前，為盛世奠下政治根基，並讓華夏文化得以璀璨發展的南北朝時代。

南北朝的對立源自東漢政局的崩潰，而山河的四分五裂，歷經四百餘年，方得定於一，成就其後的隋唐帝國。葉老師說：「分裂容易，統一難，而有可能彌平分裂鴻溝的，一是時間的沉澱，二是至少一部分人的覺悟。」

葉老師洞見底蘊的觀察與剖析，如醍醐灌頂，讓人茅塞洞開，而撥雲見日的同時，也讓人產生欲深入探索南北朝歷史的衝動，進而以古鑑今，反思我們所處當代的現實困局。

南北朝最後是以族群融合的燦爛新文化為基底，最終跳脫了漫長的分裂時期。掩卷長思，我不禁憶起《羅馬帝國衰亡史》的作者歷史學家吉朋（Edward Gibbon）的話：「我只有一盞明燈，指引我的步履，那就是經驗之燈。除了借鏡過去之外，我別無他法判斷未來。」

吉朋的傳世名言，應可與中國古語「以史為鏡，可以知興替」相呼應，而你我拜讀葉老師的巨作，或許也會猛然驚覺，遙遠的歷史竟離我們如此之近，而它就是我們腳前的一盞明燈啊！

【推薦三】

兼具歷史精準、文學抒情、說書與導覽風趣之大作

葉思芬　臺大史研所中國藝術史碩士、前臺北醫學院兼任副教授

葉言都老師是我臺大史研所的學長。我們之間最投契的興趣應該是「生活」，都想知道在不同的時代、不同的生活環境下，老百姓確實的生活狀況。我個人在敏隆講堂討論到《金瓶梅》、《今古奇觀》時，對於十六世紀明朝中晚期政治黑暗、城市發達下老百姓浮誇卻生動的真實紀錄最是好奇。而這方面，葉言都學長涉獵更廣、興致更高。他的「走讀臺灣文史」課程，就是帶著學員親自走向歷史的陳跡，實際去感受那一方水土曾經存在過的生活面貌。

如果想知道「南朝四百八十寺，多少樓臺煙雨中」柔美的南朝風致；或想知道「天蒼蒼，野茫茫，風吹草低見牛羊」豪邁的北朝天涯，那學長這兩部既具備歷史的精準，又有文學的抒情，還兼具說書的灑脫與導覽的風趣大作，會給我們最生動、最美好的答案。

【推薦四】

帶我們如旅行一般地走入歷史

胡川安 國立中央大學中文系助理教授

中國歷史不只有大一統的盛世，實際上，亂世的時間遠比統一來得長。了解中國歷史要先理解亂世，其中最為關鍵的亂世就是漢唐間的南北朝。秦漢帝國崩潰後，長期的亂世，當時的人沒有預見未來會有一個統一的盛世出現，南方和北方各自稱雄，占地為王，相互抗衡。

大一統盛世王朝的故事固然好聽，然而亂世的故事更精彩。近來很多的小說都以南北朝做為舞台，然而這些小說無視於史實，馳騁想像力，只剩小說的價值，無法讓大眾認識實際的歷史。

然而，學院裡的歷史討論又過於細緻繁瑣，一般大眾很難了解學者的語言。幸好我們有了葉言都這套《讓我們來到南朝．北朝》，既有嚴謹的歷史知識，又掌握了通俗的寫作方式，在學院與一般知識界架起了橋梁，帶我們如旅行一般地走入歷史。

【推薦五】

承載我的一雙翅膀

李蕙如　淡江大學中文系助理教授

葉言都老師是東吳大學「科幻與現代文明特色講座」課的主授老師，我曾經是那堂課的教學助理。葉老師嚴謹而周到，每堂課必到，親自接送講者；面對一百多份作業，批閱也毫不馬虎。跟老師談話，常有如在春風坐的感受，他為求職的我加油，齒縫間吐出來的每個字都無比溫暖。後來，葉老師為我的研究室寫了對聯，還與我分享創作的詩詞，讓在中文系任教的我自嘆弗如。

在葉老師出版的兩冊新書中，可看出他豐厚的文史素養。字裡行間帶領讀者遊訪江南北國的悲喜離合。相較於泛濫的碎片知識，葉老師堅持應為普羅大眾帶來宏觀的歷史脈絡，試圖化身為說書人與導遊，將一百七十年左右的歷史濃縮成兩冊精彩的文字，為讀者傳達南北朝的諸多資訊，讓我們不但可以親近纖柔綺靡的芳容，也能目睹質樸直爽的樣貌。書中貼心地附上「探訪前預備」，頗有旅遊時「行前說明會」的意味。此外，因行文所需，所引用的詩詞都加注說明，使讀者更易理解且便於閱讀。歷史重現是艱辛的，葉老師披沙揀金，將史書中的對話、場景以白話文形式呈現，展演了血腥殺戮的軍事戰場、針鋒相對的外交現場，也讓人一窺宮闈祕奧、探訪璀璨的文化成就，同時不忘附上資料出處，以供讀者查找。

在涼爽的秋日，我擁抱金風也揣想著江南煙雨與北國天下，微風揚起我的頭髮，我感覺自己在飛。葉老師甫出版的，上下兩冊的新書就是承載我的一雙翅膀。

【推薦六】

歷史導遊，葉言都絕對是靈魂人物

林婉美　文化旅行作家，現任星球旅行社總監

我在時報旅遊擔任總經理時，葉老師是董事會的財務監督。

葉老師行事風格嚴謹、史學通古貫今、熱愛旅行，還有一顆溫暖的心，很快就成為我的歷史靠山以及良師益友，除了指導我們規劃古文明旅遊的整體架構，並曾數度親自擔任旅行團的導遊；探訪吳哥窟時，順理成章地帶我們踏入《真臘風土記》的世界；遊覽臺東鹿野，則把日本移民村的年代整個召喚回來。葉老師深入淺出且具幽默感的表達能力，總讓團員讚嘆不已。幾次深刻的體驗，對於我後來將文化元素架構於旅行的吃喝玩樂之上，專注發展古文明旅遊具有關鍵性的影響，引領文化旅行成為風尚，長時間以來，葉老師已成為公司的招牌形象。

葉老師以不平凡的文采，平常人少有的熱情與耐力完成的這部巨著，用優雅流暢的文

字將歷史的厚度，以符合內容的古典詩詞再加以連綴完整，巧妙的敘事風格，讓本書具有史詩般的磅礴氣勢，加上懷著對自己高貴靈魂追尋的旅人情懷，帶領著讀者進入中國歷史上最紛擾而豐富多彩的一段時期，讀者一旦身歷其境，南北朝的形貌點滴將鮮活地留存在腦海中。

葉老師是迷人的歷史學者，也是時報文學獎「科幻小說」與「推理小說」的雙料首獎得主，更是旅行專家。如果說將了解南北朝歷史視為一次主題旅遊，喜愛歷史的讀者想暢遊南北朝，還能找到更理想的導遊嗎？

歷史導遊，葉言都老師絕對是我心目中的不二人選。

【推薦七】

歷史也能輕鬆讀

湯碧雲 《旅讀中國》雜誌總經理

人說讀歷史得智慧，從歷史中能找到今日困境的脈絡和救贖。六十歲後追隨葉言都老師在市長官邸、敏隆講堂的普及歷史課程；也多次邀請葉老師來《旅讀中國》雜誌的輕鬆讀中國讀書會，為讀者導讀介紹新進出版的重要歷史讀本。

葉老師治學嚴謹，課程緊湊豐富，或許是曾有新聞工作背景的關係，也或許是寫作科幻小說的習慣，葉老師講課會像記者或偵探一樣地在每個章節提問，點出許多現代人對歷史事件起疑的關鍵問題，再一一解析、直搗真相。

為了解讀枯燥難懂的歷史典章或大事件，葉老師課前還會以珍貴紀錄片、相關歷史場景電影、宮廷劇片段，以及珍貴圖片資料來輔助教學，讓聽講學生興味盎然地進入歷史時空。講義中也使用大小標題、前言提要、重點標注，讓結構清晰易懂；而加入的原典摘要、詩文選集等等，更讓歷史敘述有層次變化，格外好讀，我想這些都是葉老師累積十多年普及歷史教學特別用心之處。

這次葉老師選擇研究五十多年的南北朝歷史，做為第一部歷史著作題材，他期許自己像一位導遊，帶讀者回到一千六百年以前，走一趟南北朝歷史之旅。有意思的是，這位文史專家導遊會帶我們像穿越劇一樣，清楚看到大動亂時代短命君王的宮闈陰謀，帶我們考評幾十個昏君、亂君、暴君的淫亂荒誕事蹟，看看民不聊生的百姓生活；更八卦的是南北朝所有宮廷名女人的香豔故事也會歷歷在目……

這不是戲劇，這是真的歷史。葉言都老師這兩本書讓我們了解，荒謬無道的政治和戰火下百姓最遭殃，而沉重的歷史我們也能輕鬆讀！

【推薦八】

成為「葉」粉的開始

桂文亞　作家

在臺北敏隆講堂修習葉老師講述中國歷史系列課程，已進入第八年。他豐富的學養、鞭辟入裡的講述之外，也必有厚實的講義及提供學員參考的相關議題圖書，加上正課前提供半小時相關影片的賞析，豐富多元的學習，叫好又叫座。

上下兩冊南北朝歷史新著的出版，再次見證了葉老師專研歷史五十年的又一次豐收。除了嚴謹治史，他也是浸潤文學多年並具深厚寫作修養的小說家，因此當讀者閱讀這兩冊歷史普及化作品，除了史料爬梳清晰嚴謹，論述歷史人物政爭或社會文化變遷等議題，無不呈現出生動與深刻。葉老師妙喻自己是「文化導遊」，願帶領讀者「走一趟一千六百年前的南北朝歷史專題」，捧讀之後，果不同於一般歷史教科書，沉思詠嘆流連，不知不覺地，我也成為「葉粉」了。

【推薦九】

啟發與反思臺灣的歷史地位與未來走向

涂秀琴　前摩根大通銀行首席投資辦公室執行董事

我的專業是國際金融，在外匯市場上打滾了二十多年，歷史原本引不起絲毫興趣，然而退休後，在偶然的機緣下試聽了葉言都老師的「夜讀史書」課程，竟讓我從此一頭栽入而無法自拔。葉老師的歷史知識淵博，卻能以平易近人的教學方式吸引我們一窺中國歷史之浩瀚與堂奧。葉老師不但上課資料準備充分，和學生互動頻繁，還帶許多藏書借予學生分享，做為葉老師的學生，我著實獲益良多。

南北朝和臺灣這個移民社會有諸多相似之處，同樣充滿不同種族間的衝突與融和，進而在文化、藝術和宗教上大放異彩，也孕育出隋唐盛世的基石。葉老師探討南北朝的這兩本大作，以他一貫深入淺出的方式帶著讀者走進一個「政治大分裂、文化大碰撞與民族大融合的時代」，也啟發我們從中反思臺灣當前的歷史地位與未來的走向。

【導讀】

走入江南煙雨花落盡的南朝

陳識仁　輔仁大學歷史學系副教授兼系主任

魏晉南北朝，中國歷史上著名的大分裂時代，人們對其印象，多半與戰亂、落後、黑暗、野蠻胡族等負面評價有關。也因為如此，一般人對它的了解，除了三國那一段之外，往往不如漢唐盛世或明清帝國來得深刻，連帶也沒有多大的興趣。

這是一個價值重整與制度重建的時代。當時的人們，不論帝王或世族，總在步履蹣跚中摸索著未來可行的道路。魏晉，歷經的是儒家道德失序後，社會核心價值重整的時代，隨後的南北朝，則因為北方游牧民族帶來強大的動力與活力，為瓦解後的漢帝國，重構各種制度以因應局勢的需求。可見，在這亂世之中，處處充滿著引爆各種可能性的巨大力量。

現在，擺在讀者眼前，由葉言都老師暢談南北朝的這兩冊普及讀物裡，他要說的，正是這個時代的後半段。他將帶領讀者，當個穿越時空的旅人，俯瞰那個令人驚心、驚異又驚豔的時代。我相信在葉老師淵博的知識與說書人的生動口吻下，一定能為讀者帶來一場精彩的南北朝饗宴。只是，在啟程之前，且容我權充領隊，先以這篇導讀，向讀者們介紹南朝的重要大勢。

始與終

西元四二〇年，出身北府軍團將領的劉裕，結束南方的東晉國祚，創立國號為「宋」的新王朝。大約二十年後（四三九年），鮮卑拓跋族人所建立的「魏」國，在拓跋燾的領導下，結束長達百餘年的十六國亂局，統一北方。南北雙方在相當接近的時間裡，各自終結舊時代，成立新王朝，並揭開對峙競爭的局面，此即中國歷史上的「南北朝」時代。直到西元五八九年，隋文帝滅陳，天下再度統一為止。

南北戰爭開啟的歷史

東晉晚期，北府將領劉裕趁黃河流域政局混亂，屢次出兵北伐，消滅十六國中的南燕與後秦，將東晉版圖往北推向黃河以南一帶。劉裕北伐，是東晉歷史上最成功的軍事行動，不僅一度收復長安、洛陽兩座古都，更將疆域大幅擴張。這些軍功不但是劉裕日後篡晉的政治資本之一，收復的領土也被劉宋王朝繼承下來。然則，這也成為北魏與劉宋王朝間的重大爭端來源，並隨之引發幾次大規模的南北戰爭。若說，南北朝的歷史始於宋魏交戰，也不為過。

宋魏之間的戰事，彼此互有勝負，但整體而言，還是劉宋受創嚴重。宋文帝劉義隆在位近三十年，他建立制度、鼓勵農桑、減賦稅、避力役，創下「內清外晏，四海謐如」的「元嘉之治」。

可惜的是，不擅長軍事、兵法的宋文帝，卻喜愛遙控指揮前線將士，屢次的戰敗，竟拖垮難得一見的治世，史稱「邑里蕭條，元嘉之政衰矣」。更糟糕的是，宋文帝對北伐的堅持，引發太子劉劭的不滿，種下弒父奪位的慘劇。

梁武治世與侯景之亂

梁武帝蕭衍，是南梁王朝的建立者，他不僅是南朝史上在位最久的帝王，在其治理下更締造出南朝盛世，特別在文化、宗教與藝術等方面，是東晉渡江後兩百餘年來的高峰。

這與蕭衍的出身背景有關：他既是蘭陵蕭氏世家子弟，也是蕭齊宗室子弟；受過良好的儒家教育，私德更是南北朝帝王所少見；在文學上名列「竟陵八友」，更主持國家典籍的整理與收藏。莫怪乎，王夫之點評他：「梁氏享國五十年，天下且小康」；錢穆稱讚他，「儉過漢文，勤如王莽，可謂南朝一令主」。

然則，歷史上的梁武帝也飽受批評：多次捨身同泰寺，逼得群臣動用朝廷鉅款為其贖身。因崇信佛教的關係，使得治國手段過於慈悲，無法遏止官場的貪汙舞弊惡習；首都附近高達五百餘所的寺院，建築窮極奢華，僧尼眾達十餘萬，不斷侵蝕國家財力物力。

更令人扼腕的，是梁武帝晚年接納且誤信東魏叛將侯景，引發南朝歷史上極大的政治、社會動亂。

這場動亂範圍廣及長江下游地區，更使南朝世族受到毀滅性的打擊，史籍形容災亂後的建康城，「千里煙絕，人跡罕見，白骨成聚，如丘隴焉」，其慘況仍能讓今日的讀者們歔欷不已。

所以，有人把梁武帝在位的後期，視為南梁國勢的分水嶺，其一手打造的南方盛世，從此也就一去不復返了。

門閥衰落與重振皇權

南朝歷史的另一特點，是魏晉以來由門閥世族壟斷資源的現象仍然延續。只是，在延續的表象下，發生各種微妙的變化。

例如，東晉百餘年來，門閥透過能文能武的幾個大家族，與司馬皇族「共天下」的局勢，早已不再。南朝從劉裕建宋開始，各朝開國君主均以建立軍功累積政治資本，逐步掌握朝政後進而謀奪大位。這樣的出身背景，正是高門世族所瞧不起的，哪怕貴為皇族，他們還是不放在眼裡。

門閥高族不願插手政治，但仍在社會、經濟、文化、制度等方面，占盡優勢、壟斷資源，過著凡人望若神仙，優游自在的生活。長期養尊處優下，門閥子弟的能力一點一滴喪失，逐漸成為社會上毫無貢獻的蠹蟲，更不可能再受到帝王重用，共參朝政。

換個角度看，世族不屑參與政治，恐怕正中南朝各代帝王之下懷。因為他們也不想回到東晉那個與世族共享皇權的時代。世族不願參政，對朝廷也毫無忠誠度可言，但國家官僚體制仍得運轉，帝王遂不得不起用寒門、庶族出身的人物，與他們共商國事、同斷決策。於是乎，各朝帝王為了重振皇權，防止世族重返政壇，祭出各種手段持續削弱門閥的權力，遂成為南朝政治發展的主旋律。

飛入尋常百姓家

南朝後期，我們透過顏之推的文章，總是看到高門世族過著衣食無缺，出入從容、望若神仙的生活。他們不需與旁人競爭，自幼即占去官僚體系裡的清望高位：不需親自管理事務卻享有高額的俸祿，還真有幾分符合今天「錢多事少離家近，位高權重責任輕」的戲謔語。門閥子弟不但毫無才能，平日出門要搭乘車輿，入門要下人扶持，未經鍛鍊的身體，膚脆骨柔、羸弱不堪，受不起半點風霜雨雪的折磨。長期不涉俗事，看見嘶鳴的駿馬，竟然嚇得以為是猛虎出柙。侯景之亂時，因體氣衰弱而不堪行走，不耐天氣的寒暑變化而倒臥路邊，猝然而死者比比皆是，看來連逃難的能力都沒有了。如此嬌生慣養、缺乏意志能力的王謝高門子弟，又怎能不隨著歷史的洪流，成為尋常百姓呢？

南朝的大勢既如上述，其間的細節與故事又是如何呢？這就要請葉老師用其生動的筆法，帶領各位來一趟深度的南朝歷史之旅了。

自序

這部書的內容是對中國南北朝歷史的普及性敘述，著作目的是提供普及性的南北朝歷史給社會大眾，並推廣歷史書寫的普及化，構想是效法觀光事業，將了解南北朝歷史視為一次專題旅遊。我願藉這部書將自己過去接觸這段歷史的經驗與感想提供出來，嘗試以導遊的身分，陪同諸位讀者回到將近一千六百年以前，走一趟南北朝的歷史之旅。

我們生活在四度空間中，時間是第四度空間。有了時間這個維度，我們可以從現在向前方眺望，想像以後的狀況，想出的就是科幻；我們也可以從現在向後方眺望，觀察從前的狀況，看到的就是歷史。

人在實質的旅遊中，身體會移動到不同的地理位置，亦即在三度空間中向他方轉移，去接觸自己感興趣的地方。人的心智也可以在第四度空間中向後方轉移，移動到以往的某個時間位置，去接觸自己感興趣的歷史。這種心智的活動，其探訪的意義等同實質的旅遊，可以稱為「歷史旅遊」。這部書就是以歷史旅遊觀點寫出的南北朝歷史書，若稱為「南北朝歷史旅遊導覽」亦無不可。

寫這部書以來，我一直努力把握它的內容與風格，希望採用較為寬廣的角度，放大對南北朝歷史的視野，在「宏觀歷史」的概念下，不汲汲於一人、一物細節的描述，而為社會大眾提供對那段時期的整體概念性理解。我認為這是臺灣目前缺乏的，其他中文地區也很類似。南北朝史事紛紜，這部書並不追求全面性的涵蓋，僅願先提供必要的記載原文，做為資料來源的見證，然後從宏觀視角考察，以普及歷史的筆法發揮，就事論事，對當時影響重大的關鍵深入分析，以提供有志進一步探索南北朝史的人一條入門途徑。

任何後代人寫的歷史書，必然受到作者背景與先入為主觀念的影響；然而也就因為如此，歷史才能一再被重新詮釋，重新發現。太史公司馬遷因此以「成一家之言」為職志，著作《史記》；義大利史家克羅齊（Benedetto Croce, 1866-1952）也因此有「一切真歷史皆當代史」的名言。我熱愛歷史，也熱愛文學，曾習作中國古典詩詞，寫作這部書時，為追求歷史的厚度，會引用古代詩家詞人的相關作品，都註明作者；然而如此一段時間深深浸沉於南北朝歷史的情境下，寫作之際，竟使某些符合古典詩詞章法的隻句片語，有時突然在我腦海中浮現，當即記下，再加以連綴完整，就是各章最前面的詩詞。於是這部書的各個段落，成為以我習作的詩詞開篇，居然有些古典說書的風格，也算歷代史家先賢著述的各種南北朝史書之外，另一種敘述方式吧。

時間是延續的，歷史是延續的，面對這種不斷延續的特性，接觸歷史不妨先進行宏觀的歷史探訪，再深入於符合自己志趣的歷史各個單元。然而值此網路文化涵蓋一切的時代，普及歷史的敘述呈現碎片化，以致社會大眾視接觸歷史為獵奇，得到的碎片知識成為談助，還不見得是真實的，這是歷史教育與歷史傳播的危機，也是歷史的危機，應該得到重視，史學界也有義務提供解決的方法。

中國南北朝的歷史特色鮮明，意義重大，值得進行普及式的歷史旅遊，更不應被碎片化、獵奇化、談助化，我因此敢於不揣簡陋，抱著提供南北朝歷史旅遊基本資訊的心願，將這部宏觀性與重點性的南北朝歷史書以現有的面貌，呈現於諸位讀者之前。

葉言都寫於二〇一九年七月

楔子

歷史上曾經有一段持續一百七十年以上的時間，中國分裂為兩半，一南一北，各據一方，互相對立。它們各自統一了傳統中國一半的領域，卻都無法征服對方，將全部中華江山置於版圖之中，這段期間就稱為「南北朝」。兩方水土養成兩方人，時間久了，住慣南方或北方環境的兩批人，都發展出屬於自己獨特的文化，在中國的大地上同時並存。那個時代，曾出現過這樣的情景：

這邊，梁武帝不理會群臣勸阻，動身前往同泰寺捨身，這是第三次了；吳明徹將軍正在一艘戰船上指揮攻擊屬於北齊的壽陽城，乘船攻城是他的獨門戰法；謝靈運則得意地帶著幾百個隨從，用他發明的特殊技巧登山，還不時吟上幾句詩；陶弘景仍在油燈下揮筆疾書，為快要完成的《本草經集注》再添加一些自己發現的藥；而江南水鄉澤國的彎曲河汊中，一位褲褶被春水濺溼的年輕採菱姑娘展開嬌美的歌喉，曼聲輕唱〈子夜歌〉……

那邊，北魏孝文帝剛發布命令，規定以後朝堂上大家都要說漢語；楊白花將軍從北魏的南方前線向南眺望，他有一個不得已的決定，已經下定決心執行；顏之推將家裡的子弟聚集一堂，教導這些年輕人怎樣在胡人政權做官；賈思勰滿腦子的和麵、揉麵，他的《齊民要術》已經寫到第八十二章〈餅法〉，就快寫完了；而甘肅天水的麥積山上，一位長裙曳地，雍容華貴的大周三品官夫人正帶著一群侍女，走進一座滿牆佛畫的石窟還願……

南方氣候溫和溼潤，草木茂盛，物產豐富，魚羹稻飯足以溫飽，又有長江天險，得以長期立國，也容易較為安定。南朝在這種條件下立國江南，發展出以精緻優美著稱的文化，充滿浪漫甚至頹廢的氣息。

實際控制這優美之地的是世族。南朝是世族發展的高峰，南朝的政治、經濟、社會與文化被世家大族全面控制，成為中國自周朝以後，極少數近似貴族社會的時代。相對地，南朝的皇室則常因出身門第不高，顯得欠缺教養。既然政治格局已定，少有發展空間，很多年輕的皇帝便成為帶著世紀末色彩的放縱者，在頹廢中狂亂享樂。

宗教與思想發達是南朝的另一特色。「南朝四百八十寺，多少樓臺煙雨中」是唐代大詩人杜牧的名句，其實南朝香煙紛紛，鐘鼓處處，何止四百八十寺？南朝曾有過舉國家之力以崇佛的皇帝，所以中國佛教的發展過程中，南朝具有關鍵地位。面對佛教大舉傳播，孔子的「未知生，焉知死？」已不足以應付，南朝的儒家學者遂不得不起而應變，於是出現儒家對「神」的看法與解釋，獨步中國。

這樣一個時代與它在煙雨樓臺中精緻優美、深刻思辯、還帶著一些浪漫頹廢的景色值得一趟歷史旅程，且讓我們開始一次歷史的探訪之旅，進入《讓我們來到南朝：尋，江南煙雨花落盡》，親近它纖柔綺靡的芳容。

華北連接塞外，地理上以小麥為主的農業地區緊鄰草原上肉食為主的游牧地區，胡人與漢人頻繁接觸，影響所及，此地的文化長期受到胡風感染。北朝文化因此開闊宏大，樸素粗獷，表現在石碑上，就是字字方正，筆畫分明。在此種文化下孕育出的三長制、均田制、府兵制等，都成為中國傳統的一部分，影響深遠。

北朝的統治者或出自塞北的鮮卑族，或與鮮卑族有著密切的關係，因此北朝時期始終存在著程度不同的鮮卑文化，當然也存在著鮮卑文化與漢文化之間的矛盾與融合問題。鮮卑族文化傳統對北朝的政治、軍事、經濟以及典章制度都有深刻的影響。鮮卑文化與漢文化交會的結果，使北朝文化獨具特色。北朝的漢人世家大族面對異族政權，特別恪守家風，強調家學的傳承；反而是北朝的女性受到游牧民族社會風氣的影響，擔責任事，大膽熱情。

北朝對中原地區的長久統治，帶來黃河流域民族大融合，在中國歷史上從無前例。漢族雖被統治，北方諸族卻逐漸被漢族同化，最終融合成為同一民族。南北朝長期分裂與北方長期被外族統治，為中國注入新血輪，增添新氣質，奠定下一輪發展的基礎，是中國歷史進程中不可缺少的環節。

這樣一個時代與它在鐵馬金戈中粗獷宏大、又帶著質樸直爽的景色值得一趟歷史的旅程，且讓我們開始另一次的歷史探訪之旅，進入《讓我們來到北朝：看，北國天下起風雲》，親睹它實事求是，未脫草原風的樣貌。

正是：

鐵馬金戈跨獵鵰，杏花煙雨步虹橋；

二分天下興亡事，看了南朝看北朝。

探訪前預備

人們對南朝的印象有一部分來自唐詩。唐朝距離南朝不遠，許多南朝的舊事猶記，遺跡猶存，唐朝的詩人往往觸景生情，面對南方已經逝去的繁華與美麗發為詠嘆，留下不少千古名句。在啟程前往南朝之前，就讓我們品賞玩味以下四首唐代詩人的七言絕句，暫時不去理會詩中的典故，只是嗅一嗅南朝的絲絲氣息，先隱約感受南朝是怎樣的時代：

唐　杜牧，〈江南春〉

千里鶯啼綠映紅，水村山郭酒旗風；南朝四百八十寺，多少樓臺煙雨中。

唐　韋莊，〈金陵圖〉二首選一

江雨霏霏江草齊，六朝如夢鳥空啼；無情最是臺城柳，依舊煙籠十里堤。

唐　李商隱，〈南朝〉

地險悠悠天險長，金陵王氣應瑤光；休誇此地分天下，只得徐妃半面妝。

唐　杜牧，〈泊秦淮〉

煙籠寒水月籠沙，夜泊秦淮近酒家；商女不知亡國恨，隔江猶唱後庭花。

帶著從這些唐詩染上的幽美與感傷，現在，讓我們開始回到南朝的世界，在六個不同的領域裡探訪南朝。我們將首先從軍事與外交角度了解南北關係，以下是統治者與政治、世家大族與社會、生活、文化各個主題接續展開，再以透過宗教、動亂與世紀末狂歡的角度，呈現南朝最後的歲月。

南朝的歷史探訪之旅即將展開，現在先做一些行前預備性的整體說明。

南朝

南朝是南北朝時期的南方，開始於西元四二〇年東晉權臣劉裕篡東晉建劉宋，結束於五八九年隋滅陳，經歷宋、齊、梁、陳四個朝代，共一百七十年。這四個朝代皆建都於建康，與前曾建都於此的孫吳和東晉合稱「六朝」。南朝和同時存在北方的北魏、北齊、北周等朝代合稱「南北朝」。

南朝四代為：

📖宋：四二〇～四七九年，歷六十年，因皇帝姓劉，也稱「劉宋」或「南朝宋」。

📖齊：四七九～五〇二年，歷二十四年。因皇帝姓蕭，也稱「蕭齊」或「南齊」。

📖梁：五〇二～五五七年，歷五十六年，因皇帝姓蕭，也稱「蕭梁」或「南梁」（五五四年以後，梁在湖北的殘餘勢力稱為後梁：五五四～五八七年，歷三十四年）。

📖陳：五五七～五八九年，歷三十三年，因皇帝姓陳，或稱「南陳」，無其他別稱。

宋、齊、梁、陳都是短命的朝代，最長的宋不過六十年，最短的齊僅有二十四年，可見當時朝代更迭快速，政治難得安定，充分顯示亂世的特色。

南朝的領土繼承自東晉，轄有中國南方，大約即秦嶺、淮河以南的地區。四代中劉宋疆域最大，北邊曾達到黃河；南陳最小，只有江陵以東、長江以南的領土，後梁大致與陳並存，但僅保有荊州一隅。

南朝是繼東晉之後，由漢族在南方建立起來的朝廷。雖然南朝的四個政權都只存在幾十年，但總算能在南方保住漢族政權的命脈一百多年，不致被北方游牧民族征服，又將漢族文化廣泛傳播至秦嶺與淮河以南地區。中國南方在南朝時進一步開發，出現建康、江陵、揚州、成都等城市，工商業也有一定程度的發展，形成屬於南方的特殊文化，與北方不同。中國南、北文化的差異，在南北朝時已可清晰看出。

南朝對華夏文明的發展和傳播都有貢獻，她的文化也成為中國傳統的一部分，在中國歷史上色彩鮮明，不可磨滅。

南朝人口變化

這段南北對抗的時期如此之長，表示雙方長期勢均力敵，也都有內部的問題與局限，力量起伏不定，才導致雙方皆無法在短期內消滅對方。由於古代人口是最重要的國力指標，此種狀況可由人口的變動看出。南朝方面，中國南方原有稱為「百越」的原住民族，但其人口數並無資料，故僅就漢族言，從西晉建國起到南朝末年止，依照鄒紀萬在《中國通史·魏晉南北朝史》中歸納歷代史書資料，得出當時南方漢族人口的變動大致如表格所述：

年代	東晉至南朝南方漢族人口概數變化
三一八年	五四〇萬（東晉建國，北方人口南遷）
三七六年	六六五萬（淝水戰前不久）
四〇七年	一〇〇〇萬（東晉孝武帝淝水之戰後東晉全盛期）
四六四年	七五〇萬（劉宋後期，因東晉末大亂，人口減少）
五二〇年	八〇〇萬
五三九年	一一〇三萬（梁武帝全盛期）
五五五年	二〇〇萬（侯景之亂大破壞後）
五八一年	三一四萬（陳宣帝時的恢復期，不包括四川與荊州）

從人口的角度觀察，南方自東晉建國到南朝後期，兩百七十年間漢族人口竟然沒有增

加！由此看來，南朝在精緻優美之外，其實戰禍連綿，導致人口損失持續存在，還帶有悲劇的色彩與性格，也難怪唐代大詩人李商隱另有一首詠南方六朝的詩：

唐　李商隱，〈詠史〉

北湖南埭水漫漫，一片降旗百尺竿；三百年間同曉夢，鍾山何處有龍盤？

歷史之河的流動必然有其或浮或潛的原因，南朝非但不例外，還有其特殊之處。當南朝朦朧輪廓漸漸出現在我們面前，接下來就有幾條線索諸如「南朝的開創者是誰？」「為什麼南朝會由他在這個時間點開創？」「南朝歷史的進程大致如何？」等，我們必須先行掌握，才能將南朝看得更清楚。

南朝的到來：劉裕篡晉

南朝從劉宋開始，劉宋的開國之君是大軍閥劉裕。西元四二〇年，劉裕廢東晉恭帝，自行稱帝建國，國號宋。劉裕能夠推翻已經在南方存在超過一百年的東晉政權，自立為帝，本身努力之外，更重要的是環境因素。

劉裕的出身，傳統上認為是寒門，最近也有史家認為是低層世族。不論如何，劉裕因為家貧又性格豪勇，放棄傳統士大夫以「文」為出路的方式，改採被一般文人，尤其是世家大族通常不屑為之的武將做為出路，實際上是因為當時寒門甚至低層世族經由「正途」翻身的機會已經極為微小。這種狀況反映自東晉南渡以來，世家大族在南方的政治、經濟、社會與文化地位日益鞏固，並經由世代相承，成為任何人都無法撼動的一塊鐵板，其人口數量也與日俱增，更導致在九品中正制這個「正途」之下，優選官職全面被他們壟斷，包括位高事少的「清流」中央官與能夠得到實際好處的地方長官。

如此一來，低層世族及寒門的有志之士不得不另尋出路。當高層世族在世代簪纓後日趨文弱，縱情於清談、山水、宗教、文學、藝術與享樂，能寫出〈蘭亭集序〉卻不知世事之際，自然造成低層世族與寒門以軍功起家，登上政治最高點的機會。

有趣的是，對於世家大族而言，只要皇帝承認他們的地位與特權，則皇帝由誰來做，其實並不重要；但如果具有軍事實力的人物可能危害到他們的地位與特權，他們必然全力反對，自己的武力不足時，則將樂見一個不會危及他們地位與特權的人出頭，劉裕即屬此型人物。

劉裕能夠篡晉成功，除上述的深層背景外，尚有其他因緣際會的條件，與東晉後期的政治形勢有關：

淝水之戰（三八三年）是東晉的重大勝利，克敵立功的是由陳郡謝氏領導的北府兵。戰後東晉孝武帝卻將政權交給皇室司馬家族，使領導淝水之戰的世族陳郡謝氏政、軍勢力消失，引起世族反感，但也造成低層世族與寒門取得北府兵權的機會。

荊州（今湖北）世族桓玄不服，發兵反晉，篡位成功，卻引來各方反對，也造成劉裕以「勤王」為名義起兵的機會。結果桓玄失敗，荊州勢力與桓氏家族勢力均告消失。

隨後來自社會基層與祕密宗教的力量加入競爭，即東晉末年的「孫恩、盧循之亂」（或稱起義）。劉裕對此採強力鎮壓政策，又摧毀掉社會基層與地方宗教的力量。

至此，南方已經沒有任何力量可與劉裕抗衡，劉裕遂藉北伐以進一步擴充本身勢力。不料北伐有進展之際，劉裕安排在東晉首都建康的心腹死亡，劉裕立即自北方退兵，代表他早有以南方為根本，視東晉政權為囊中物，北方則可有可無之意。劉裕退兵時派一些功臣在北方留守，結果孤立無援，被胡人武力解決，等於他又借刀殺人，消除掉同樣憑北府兵起家的功臣問題。

至此劉裕成為唯一的軍事與政治強人，東晉隨之走到盡頭。劉裕既然承認世家大族在政治、經濟、社會與文化上的優越地位，於是再也沒有反對聲音，就在沒有世族大臣為東晉死節的狀況下，四二〇年劉裕順利篡晉稱帝，南朝開始。

南朝概況

在南朝的政治結構中，皇室來自寒門或低層世族。起自低層的軍閥固然能夠篡奪皇位；世家大族的政治、經濟、社會與文化地位卻已經根深蒂固，難以動搖，迫使宋、齊、梁、陳四代的新皇室都不得不承認，故南朝時期政治地位並不等於社會地位。南朝的皇帝與宗室為爭奪皇位時常發生血腥鬥爭，世族則基本上不予理會，因為不論誰當皇帝，他們的地位都不會改變。

但也就因為世家大族的地位極為穩固，他們坐致高官，根本不需要在政治上努力表現，結果變成袖手享樂，不食人間煙火，在實務上百無一用。因此南朝皇帝多提拔寒門的才智之士任官，執掌機要，辦理實際政務，南朝政府才得以運作。

南朝比起北朝，局面還算大致較為安定。南方的經濟開發得以持續進行，使中國式的農業、手工業確定生根於南方。經過二百年的發揚光大，南方，尤其是長江下游，在南朝時商業和手工業都有發展，逐漸成為中國境內米穀、絲綢、瓷器、茶葉、紙筆墨硯等的主要生產區，奠定江南成為中國經濟重心的基礎；過去距離中原更遙遠的福建、兩廣區也得以更加開發。南朝時期，中國南方的經濟已經自成體系，並具備進一步發展的潛力。這種情況對中國的經濟影響深遠，從此只要北方經濟體系受到破壞，南方將可立即支援，並順勢取得中國經濟的主導地位，可以說中國經濟重心南移的條件就在南朝時出現，其趨勢與基礎也在此時形成。

至於南朝人的生活，高高在上的世族憑藉其經濟優勢，當然可以充分享受。另一方面，由於政治黑暗，知識分子間自魏晉以來的隱逸傳統此時仍然盛行，可以舉生活年代跨越東晉與劉宋的陶淵明為代表。

南朝在劉宋建國初期經濟發達，國勢強盛，曾大舉北伐，抵達黃河邊，並一度占有山東半島；但由於戰略錯誤與北朝武力強大，北伐終歸失敗，從此連連失地，邊界逐次南移，疆域也逐次縮小。到蕭梁時因梁武帝推行善政，南朝實力復興，國家再度強盛；但梁武帝晚年老邁昏庸，自毀根基，最後發生「侯景之亂」，使南朝四分五裂，元氣大傷，稱霸二百餘年的世族至此瀕臨全面崩潰。此後雖由陳朝暫時繼續維持住局面，但國力已衰，喪失四川、湖北等地，只能依託長江抵禦北朝，成為長江下游的小朝廷，國家的北界撤退到長江邊，梁的殘餘勢力則在荊州一隅成為北朝的附庸。等到北方統一，隋朝建立後，南朝被吞併的命運已經確定。

南朝歷史的輪廓大致如此。如此的南朝，怎能不惹人幽思、發人感嘆，引人探訪？

資料出處

《宋書》武帝本紀

《全唐詩》

第一章 大分裂與南北戰爭

索虜、島夷，烽火揚州路

爭城爭地起征塵　烽火揚州路幾春
淮水秦山兵氣凜　戰魂猶是夢中人

江南春

唐 杜牧

千里鶯啼綠映紅，
水村山郭酒旗風；
南朝四百八十寺，
多少樓臺烟雨中。

南北朝是分裂的時代、戰亂的時代，距離太平盛世的景象甚遠。當時雖然已不致像五胡十六國那樣的遍地烽火，南、北間的對立與戰爭仍在持續。既然當時的大環境是對立與戰爭，就讓我們的探訪南朝之旅從此開始。

南北分裂

顧名思義，南北朝時中國處於南北分裂、二元對立的狀態。南北朝分裂的時間甚長，與十二至十三世紀南宋與金、元對立的分裂時期大致相當，是中國歷史上僅有的兩段南北兩個政權長期對抗時期之一。此期間內對抗的雙方都曾努力要消滅對方，統一天下，但都未能成功。

整個南北朝期間中國的分裂狀態大致是南方、北方各由一個政府統治，亦即僅剩兩個對立政權。南方與北方都成為只有一個政府，表示南北雙方內部的地方割據政治勢力已大致被雙方的中央政府解決，中國已經脫離東漢末年開始的地方全面崩解，也度過了五胡十六國時期的混戰與割據，成為南北雙方直接而且全面對立的狀態。此種情勢表示南北朝其實是中國大分裂時代的後期階段，只剩南、北雙方的最終對決有待完成，可視為一段緩慢趨向重建統一帝國的過渡時間。

到南朝開始時，中華大地上的亂世已經持續二百三十多年，雖然極端的戰亂與極端的分裂狀態總算過去，對立卻依舊存在，戰爭也依舊頻繁。

索虜、島夷

南北朝既然是一段緩慢趨向重建統一帝國的時期，南、北雙方當然都會以統一天下自許，如此一來雙方關係必然對立，衝突必然發生。故南北朝一百餘年間，南、北始終處於敵對狀態，戰爭頻仍，雙方彼此敵視，因而產生蔑視。對兩個分開二百餘年，彼此又始終對立的地方而言，為對方取個輕蔑的綽號是無法避免之事。於是在南北朝，南朝稱北朝為「索虜」，意思是綁著小辮子的野人；北朝稱南朝為「島夷」，意思是住在海島上的蠻夷。南朝人還沿襲東晉以來的習慣，蔑稱北方人為「傖」，意思是鄙賤庸俗的人。

當然不論「索虜」或「島夷」喊得多響，對方都不是單憑罵幾句就會消失的，所以雙方都曾主動出擊，發起過以消滅對方、統一天下為目的的戰爭。當時雙方大致的分界線就是中國地理的南北自然分界線：秦嶺與淮河，所以淮河流域常是雙方爭奪的焦點，多場戰爭在此爆發，使這一地區遭受嚴重破壞，終南北朝都不能恢復。

南北戰爭

南北朝時沿雙方邊界地區經常發生戰爭，刀光劍影、血流漂杵的場面幾乎貫穿整個南朝歷史，為一種不斷間歇發作的武力對抗，很像瘧疾，成為此時代的特色。這些南北戰爭雙方都曾經發動過，所以南朝雖然文化優美，其帝王將相卻絕非愛好和平，他們造成許多血淋淋的戰場與慘案，史不絕書。

南朝北伐與北朝南侵

南朝發起這些南北戰爭的原因，大多是希望擴張領土，當然最好能消滅北方政權。由此可見當時許多南方最高政治與軍事領袖雖然不見得對本身實力有自知之明，卻仍然胸懷大志，奮力向前，並未只顧偏安，這是南朝與南宋的基本不同之處。

南朝主動的北伐戰爭有：宋文帝時的元嘉北伐（四三〇年、四五〇～四五二年）、梁武帝蕭衍的北伐（五〇五～五〇七年、五一四～五一六年、五二四～五二九年）與陳宣帝時的北伐（五七三年、五七七年）。這些北伐都以失敗告終，而北伐失敗就意味著北朝會乘勝南侵，再加上北朝主動的南伐，慘烈的南北戰爭不斷，雙方接界的地方淪為拉鋸的戰場，被兵火嚴重蹂躪。對雙方而言，每一次南北戰爭與其勝負，又幾乎都會影響到內部政局，連串的南北戰爭，便以這樣的力量塑造南朝的形貌。

南北戰爭第一階段：南朝宋北伐與北魏南侵

南北朝時期南北大規模戰爭的第一階段發生於劉宋文帝元嘉年間（四二四～四五三年），包括幾次由南朝主動挑起的戰爭，總名「元嘉北伐」。

劉宋在四二〇年篡晉後十年才北伐，原因在於剛建國時內部不穩。劉宋皇室是一個亂世中發跡的軍人家族，可想而知，必然充滿血腥暴力。劉裕死於四二二年，以後的幾年裡，經過武力角力後，皇帝家族本身與帝室及大臣間的問題也告解決，才有意願與能力北伐。繼任劉裕的少帝因「失德」，於四二四年被一批仍想如東晉時代控制皇帝的大臣所廢、所殺，他們迎接劉裕的第三子劉義隆繼位，即宋文帝，年號元嘉。宋文帝坐穩皇位後，立刻翻臉，在四二六年又把這些人一一誅殺，從此大權在握。

四三〇年之戰

劉宋建國不久就發生內部紛爭，無暇顧及北方邊界，北魏當然乘機蠶食劉裕北伐所得的土地。到四三〇年（元嘉七年）時，宋文帝鑒於內部的問題已經解決，而且南方經濟繁榮，自認國力充沛，決定恢復中原，就發動北伐。他派大將到彥之（按，人名，姓「到」）率軍五萬，利用水路進軍山東，攻入北魏國境。當時北魏軍主力正在北方作戰，黃河以南駐守兵力不足，面對來勢洶洶的宋軍，只得紛紛撤退。宋軍順利取得很多土地，推進到黃河南岸，占有洛陽，前鋒直指潼關。

此時宋軍主將到彥之希望鞏固戰果，可是戰線已經推進到黃河邊，東西綿延極長，全面駐兵守備之下，立刻暴露兵力不足的弱點。不久進入冬季，黃河冰封，非但不再是險阻，反而變成騎兵的通道。果然北魏自北方調軍，大舉從冰面越過黃河突襲，衝破宋軍薄弱的防線，連克洛陽、虎牢（今河南汜水）等重要城池。到彥之大驚之下，率領殘兵經水路返回南方，劉宋面臨全面挫敗。

宋文帝並不承認失敗，再派遣大將檀道濟率兵北進，支援戰局。檀道濟勇敢善戰，有「萬里長城」之稱，他仍採從山東進兵的路線，與北魏軍接連打了三十幾場硬仗，重挫北魏軍，但本身也損失慘重，糧草、武器等幾乎用盡。檀道濟意識到危險，引軍南歸，北魏軍則從宋軍降兵得知對方缺糧，於是進一步切斷宋軍的運輸線，準備全殲宋軍。危急時刻，檀道濟放出惑敵的煙霧，先於夜間在營中準備大量沙，再詐做盤點存糧，將沙裝進袋子，還大聲報出數目，把沙袋堆成小山，在上面放一些僅剩的糧食，製造軍糧充足的假象。北魏軍的密探將這種情況傳報，魏將難辨真假，不敢深入追擊。檀道濟乘機親率全軍以緩慢速度南行，北魏軍更加相信宋軍並不缺糧，撤退是詐，必有埋伏，於是殺掉降兵，放棄追擊，檀道濟才能率軍全身而退。這次青史留名的計策被稱為「唱籌量沙」，「籌」則是中國古代用來計算的小竹板。

劉宋的第一次北伐便如此以失敗告終。當時北魏在兩面作戰中能夠抽調南下的兵力應該不會很多，但仍能獲勝，可見南、北方的軍事力量確有差距。

對保全軍隊回來的檀道濟，宋文帝在嘉獎之餘卻暗生猜疑。當時的形勢是劉宋其他部隊潰散，檀道濟則威名遠播，他擁有的實力獲得保全，在對比之下陡然增加。即使沒有檀道濟謀反的證據，宋文帝仍深感威脅，竟選擇在檀道濟返回防區的路上將他逮捕，隨即加上莫須有的罪名把他處死。檀道濟被捕時脫下頭巾大呼：「乃復壞汝萬里之長城！」成為中國歷史上冤死的著名武將之一，實在可以稱他為「南朝的岳飛」。

檀道濟的死訊傳到北方，北魏將領都彈冠相賀，慶祝未來在戰場上少掉這個難纏的對手。其實宋文帝也應該知道殺掉檀道濟將削弱己方軍事實力，但仍毫不猶豫地下手，真正的原因在於他們劉氏皇室起自基層，與檀道濟並非世族出身的背景相同，如果檀道濟有一天造反，那些「王謝袁蕭」、「朱張顧陸」的世家大族必然袖手旁觀，才把心一橫，先下手為強。由此可見南朝政權中君臣關係的緊張，也反映出南朝亂世政治的特殊叢林法則。

做為中國歷史上一代名將的檀道濟，在又一次南北分裂的南宋時被大詩人陸游用來自許，留下這首名詩：

南宋　陸游，〈書憤〉

早歲哪知世事艱，中原北望氣如山。
樓船夜雪瓜洲渡，鐵馬秋風大散關。
塞上長城空自許，鏡中衰鬢已先斑。
出師一表真名世，千載誰堪伯仲間！

前線軍事指揮官與後方君主間必然存在矛盾，檀道濟就犧牲在這種亙古長存的矛盾中。陸游在詩的結尾極力推崇諸葛亮與他的〈出師表〉，可能是想到〈出師表〉裡「宮中府中，俱為一體」的勸戒，讚揚諸葛亮為此預作防範與盡力化解，千載難及，相形之下，從檀道濟想到自己，發為處在南宋初年局勢中無奈的感嘆。

四五〇～四五二年之戰

第一次南北大戰後，劉宋轉入調養生息時期，北魏一則忙於統一北方的最後階段，二則必須面對北方新興游牧民族柔然的威脅，故近二十年間雙方都沒有嘗試大舉進攻。到四五〇年（元嘉二十七年）春，北魏已經統一北方（四三九年）一段時間，也暫時解決柔然的問題，就開始動起統一中國的念頭。北魏太武帝拓跋燾親率十萬大軍從首都平城（今山西大同）南下，發動南侵，攻擊劉宋淮河以北地區，大肆擄掠，劉宋守軍堅強抵抗，雙方作戰極為激烈。在懸瓠（今河南汝南）包圍戰中，攻城的北魏軍死亡枕藉，屍體在城牆外越堆越高，後來甚至變成一道屍橋，魏兵竟可以踩著同袍的屍體直接到達城頭，與宋兵面對面廝殺。戰報傳來，宋文帝決意採取攻勢作為，下詔再度北伐，南北大戰再起。

宋文帝此時起用王玄謨統帥主力部隊，仍走從前的路線進軍。起初攻勢順利，深入黃河下游，包圍滑臺（今河南滑縣）城。宋軍偵知城內多是茅屋，部下建議火攻，王玄謨恐怕燒毀城中所藏的糧食及軍需，不准，結果錯失破城時機，圍攻二百多天不下，而北魏太武帝拓跋燾親率的大批救兵已至。王玄謨見勢不佳，拒絕部下列成車陣與對方野戰的建議，下令南返，沿途部隊死傷逃亡將盡，劉宋第二次北伐又以失敗告終。滑臺包圍戰中王玄謨始終不願火攻，只為了城裡的存糧與軍需品，可見南朝軍隊深入北方後，糧食與補給為難的問題有多嚴重。

北魏軍在皇帝親自率領下士氣高昂，一路追擊，攻占南朝的揚州地區，直抵長江北岸的瓜步（今南京市六合區），與劉宋的首都建康隔江相望。北魏軍擺出一副準備渡江的架勢，宋文帝也將水軍全部集結在南岸，嚴密防守，還親自登山眺望雙方形勢，最後的渡江決戰似乎一觸即發。然而四五一年（元嘉二十八年）的陰曆正月二日，北魏太武帝忽然退兵。這個決策應屬正確，因為北魏雖然取得勝利，但軍隊已損失過半，難以繼續深入，後方也出現埋怨之聲，何況春天將至，氣候會漸漸轉熱，北方人將不易適應，不如見好就收，到此為止。北魏退兵的沿途依然大肆燒殺劫掠，一來一往，原屬劉宋的人民被殺或擄掠至北方的不下數十萬。北魏軍凶暴殘忍，用槊尖挑著嬰孩戲耍，許多村落被蕩平，房屋全毀，雞犬不聞，原在家屋築巢的燕子只能將巢築在樹上。經此一戰，劉宋元氣大傷，轉向衰落，更大的影響也落在南方人的心理層面。原來自東晉以來，南北雙方雖然常有戰爭，始終是在淮河流域與漢水流域爭奪，包括關係到南方生死存亡的淝水之戰；然而此次北魏南侵直抵長江，前所未有，整個南方大為震動，自信心因此喪失，再也無法恢復劉裕時代的氣勢。

北魏太武帝拓跋燾回到北方不久就被殺身死，北魏內部動盪。四五二年（元嘉二十八年）不死心的宋文帝決定再次北伐，希望能奪回一些上次的損失，並保留一些顏面。此次北伐仍由王玄謨領軍，有人建議應直攻黃河以北，但宋文帝決定只以黃河以南為目標。王玄謨等諸將開始進攻後，發現北魏防守嚴密，己方實力不足，無法攻破堅城，只得再次退還。消息一出，有些部隊不戰自潰，即使宋文帝派了監軍督戰也毫無辦法。這次出兵含有賭氣與遮羞性質，結果非但無尺寸之功，反而再度暴露己方弱點，南朝武力弱於北朝的形勢至此浮出水面，完全確定。至於兩度掛帥的王玄謨，史書說他嚴刻寡恩，甚至在人前從未笑過，導致軍中有耳語說：「寧作五年徒，不逢王玄謨。」這樣一位將軍能得到宋文帝的寵信與重用，自有其原因。

宋文帝一直有志於北伐，平時常與主張北伐的徐湛之、江湛和王玄謨等人商議，曾深受感動地說：「觀（王）玄謨所陳，令人有封狼居胥意。」狼居胥是漠北的山名，即今蒙古國肯特山，封狼居胥指西漢大將霍去病大破匈奴，攻抵漠北，登上狼居胥山築壇祭天，向上天呈報北伐匈奴大功告成之事。宋文帝和三個臣子一陣議論，大家慷慨激昂，互吹大話，就在效法漢武帝的心態下營造出北伐的氣氛與決策。宋文帝這句不明實情、自我膨脹的結論由史官記錄，七百年後被南宋的豪放派詞家辛棄疾評為「草草」。

南宋　辛棄疾，〈永遇樂京口北固亭懷古〉

千古江山，英雄無覓，孫仲謀處。
舞榭歌臺，風流總被，雨打風吹去。
斜陽草樹，尋常巷陌，人道寄奴曾住。
想當年，金戈鐵馬，氣吞萬里如虎。
元嘉草草，封狼居胥，贏得倉皇北顧。
四十三年，望中猶記，烽火揚州路。
可堪回首，佛狸祠下，一片神鴉社鼓。
憑誰問，廉頗老矣，尚能飯否？

（按：孫仲謀：孫權；寄奴：劉裕；佛狸，北魏太武帝拓跋燾本名，鮮卑語原意為野狐。）

「草草」之下，烽火照亮揚州路，南朝的底牌被老狐狸拓跋燾摸清，南弱北強的局勢就此底定。

宋文帝北伐失敗導致魏軍直逼長江，幸好北魏主動撤兵，也未派兵留守一度占領的地方，劉宋才能收復部分失土。此後劉宋以開放互市等政策維持南北和平；可是軍事失利，北魏南侵，民怨嚴重，宋文帝的聲望與地位急劇下降，政治鬥爭隨之而起。太子劉劭一向反對北伐，宋文帝主導的兩次北伐全盤失敗，證明太子才有先見之明，聲勢高漲。感受威脅的文帝計劃廢黜太子，劉劭乾脆先下手為強，在四五三年（元嘉三十年）弒父，劉宋陷入新一波的政治危機。宋文帝在北伐問題上謀國不慎，非但賠上國家的前途，還貼上自己的性命。一千五百多年後，丘逢甲在臺灣於甲午戰爭前夕讀到這段歷史，還曾吟出：

清　丘逢甲，〈讀南史雜詠〉十首之六

飲馬長江虜志雄，佛狸來處燕巢空；
圍棋坐奪投鞭氣，莫怪蒼生念謝公。

（按：投鞭，淝水之戰前，前秦皇帝苻堅說出「投鞭斷流」的話，意謂前秦部隊只要將馬鞭都投進長江，長江就斷流。謝公，謝安。）

南北戰爭第二階段：北魏南侵與南梁北伐

劉宋後期政治混亂，北魏乘機南侵，攻下山東半島等地，從此南朝無力收復，雙方的主要戰場南移至淮河一線。四七九年蕭道成篡劉宋，建立南齊。南齊立國只有二十四年，而且大多數時間採取與北魏和平相處的外交政策，雖有少年昏君東昏侯蕭寶卷曾嘗試北伐，但一戰而敗，南齊不久也滅亡。

五〇二年蕭衍篡齊，建立南梁，是為梁武帝。當時南北之間雖然稍為平靜，南方內部卻問題不斷。原來蕭齊後期到蕭梁篡位間政爭激烈，選邊、押寶、開價索求、甚至想自己另闖天下的南朝軍人所在多有，反正對他們來說，如果謀事不成，還有投奔北朝一條退路，所以當時不乏叛降北魏的南朝將領。這些人之中最有名的是大字不識、心狠手辣的將軍陳伯之。陳伯之在齊、梁更替之際早就兩邊觀望，蕭梁初建，根基未穩之際，他有意反叛蕭梁自立，反叛不成，當然投靠北朝。這位將軍最有名的一次殺人，是用融化的蠟灌進一位老太太的口鼻，將她活活悶死，只因他反叛蕭梁時有一位效忠蕭梁的張先生與他對抗，老太太是張先生的母親，正好被他抓到。

此時北魏也正逢年輕的宣武帝（四九九～五一五年在位）剛即位不久，一見南方改朝換代，將領紛紛歸降，便抓住南梁初建的機會，於五〇三年派兵南侵，南北戰端再啟。

五〇三～五〇七年之戰

五〇三～五〇五年間是此波南北戰爭的初期，挑起戰事的北魏軍攻勢順利，陸續占領南朝北方邊境土地，南朝受到壓制，逐漸退至長江一線。然而就在這個階段，南、北雙方國力的天秤再度傾向南方。原來梁武帝蕭衍建國後勵精圖治，國力上升；北魏則自四九四年孝文帝遷都洛陽以來，高層日趨奢靡腐化，中央與地方發生文化上的斷裂，國內矛盾叢生，國力下降。這種對比為年輕的梁武帝提供機會與勇氣，於是在五〇六年（梁天監五年）發動北伐，開始反擊。

梁武帝對北魏的進攻，是以奪回淮河以南地區，加大戰略縱深，以確保南梁安全為目標，雙方遂在淮南地區展開大戰。梁武帝派出弟弟臨川王蕭宏掛帥，南梁的達官貴人都捐出稻穀、金錢做為軍費，南梁軍器械精新，軍容壯盛，北朝人見了都大吃一驚，認為是南朝數十年沒有過的。北魏聞訊，也派出皇族中山王元英率軍迎戰。

當時防守北魏第一線陣地壽陽城（今安徽壽縣）的是降將陳伯之，雙方發生接觸戰後，蕭宏命才子型的祕書丘遲寫下一封勸降信，致送叛將陳伯之，就是千古留名的〈與陳伯之書〉：

南梁　丘遲，〈與陳伯之書〉（節錄）

遲頓首，陳將軍足下：無恙，幸甚幸甚。將軍勇冠三軍，才為世出，棄燕雀之小志，慕鴻鵠以高翔。昔因機變化，遭遇明主；立功立事，開國稱孤。朱輪華轂，擁旄萬里，何其壯也！如何一旦為奔亡之虜，聞鳴鏑而股戰，對穹廬以屈膝，又何劣邪！

……聖朝赦罪責功，棄瑕錄用，推赤心於天下，安反側於萬物；將軍之所知，不假僕一二談也。……將軍松柏不翦，親戚安居，高臺未傾，愛妾尚在，悠悠爾心，亦何可言！……

暮春三月，江南草長，雜花生樹，群鶯亂飛。見故國之旗鼓，感平生於疇日，撫弦登陴，豈不愴悢。所以廉公之思趙將，吳子之泣西河，人之情也；將軍獨無情哉！想早勵良規，自求多福。

當今皇帝聖明，天下安樂……中軍臨川殿下，明德茂親，總茲戎重。弔民洛汭，伐罪秦中，若遂不改，方思僕言，聊布往懷，君其詳之。丘遲頓首。

陳伯之接信後就率八千兵馬投向南梁。此事被後代某些人視為「美談」，反覆出現「陳伯之被信感動，回歸梁朝」的說法。這種浪漫主義的史觀看來可愛，卻未免把軍國大事想得太單純。其實《梁書．陳伯之傳》只說他接信後回歸，但未提二者之間的關係。試想才子丘遲這篇駢四儷六的大文章，不識字的陳伯之根本看不懂，當然會有幕僚講給他聽，拉長聲音高聲朗誦也有可能；但與其說他聽了後被感動，還不如說他了解到南梁軍銳氣正盛，而他的鮮卑新老闆有拿他當犧牲打，要讓他跟南梁軍拚個兩敗俱傷，以消耗南梁軍戰力的可能，所以基於保全實力第一的考量，才決定降梁。

至此南梁北伐初期的障礙已除，進展順利，接近黃河。部下紛紛建議繼續前進，南梁軍統帥蕭宏卻不聽，將大軍停下，駐紮於洛口（今河南鞏縣）。蕭宏此人，可說是中國古代皇族紈綺子弟的代表人物，貪財好色，倫理道德淪喪到與姪女通姦，為人則是對內高傲，對外膽怯，毫無將略可言，還不把皇命與國家制度放在眼裡。蕭宏屯兵不進，給予北魏調兵遣將的時間。北魏援軍將到，蕭宏才召集諸將會議，準備退軍，諸將怒不可遏，軍心渙散。當年九月，洛口地區暴風雨驟至，蕭宏膽怯，竟拋棄軍隊，僅率數騎私自逃走，直接渡江，回到建康才停。南梁軍隨即潰散，武器、軍需拋棄滿地，傷病士兵無人理會，一場轟轟烈烈的北伐，就這樣莫名其妙地徹底失敗。如今這場悲劇性的北伐已經埋藏在史書中，讓後代人記憶最深的，只剩下丘遲的那篇文章，其中「暮春三月，江南草長，雜花生樹，群鶯亂飛」十六個字，竟成為中國人心目中江南景色的代表，西湖就有名為「柳浪聞鶯」的一處景點。

中山王元英指揮下的北魏軍尚未進攻就輕易獲勝，當然一路南下，遂包圍鍾離城（今安徽鳳陽東北）。當時鍾離城中守軍僅三千餘人，但由將軍昌義之率領，拚死防守，居然使北魏軍長期不能攻克，可見此時北魏軍的素質也已經降低。五〇七年（梁天監六年）南梁的援軍到達，裡應外合，從城內城外夾擊，頓兵城下已久的北魏軍崩潰，被逼入淮水而死的達十餘萬，浮屍滿河，被殺與被俘者又十餘萬，留下糧食、武器、資材堆積如山，牛馬驢騾不計其數，這是南梁北伐的重大勝利，更是南朝在南北戰爭中空前的大捷。

五〇七年南梁軍雖告大勝，但其兵力不足以收復更多土地，大戰因此暫停，此後雙方僅有一些小接觸，大致平靜七年。

五一四～五一六年之戰與浮山堰事件

五一四年（梁天監十三年）梁武帝為擴展地盤，再度大舉出兵北伐，南北雙方大軍又在長江、淮河之間的戰場上展開殘酷的爭奪戰。此時壽陽城屬於北魏，於是變成南梁軍百般攻城，北魏軍頑強守禦，南梁軍屢攻不下的局面，戰事還是陷入僵持。

為打破僵局，梁武帝蕭衍竟然不惜代價，推動一個中國歷史上規模最大的水攻計畫。這次匪夷所思的工程戰是由一個北魏投降的人提出的計謀，預備修築一條高大寬厚的堤防截斷淮河，使堤壩後方不斷積水，產生一個大型的人工湖，等到水量夠多時，掘開堤壩，放水將壽陽城淹沒沖垮。梁武帝聞計大喜，下令大量徵發徐州、揚州人民，配合軍士共二十萬人修築水壩。這條攔河水壩稱作「浮山堰」，經考證位於今安徽省五河、明光及江蘇省泗洪三縣交界處的淮河浮山峽內，工程極為浩大，係從河岸兩邊開始修築，到中流合攏困難，曾投下數千萬斤的鐵、石、木材才辦到，工程中施工人員與牲畜死亡無數。《梁書》記載浮山堰於五一六年（梁天監十五年）四月間完成，長九里（約等於四公里），高二十丈（約等於四十九公尺，依南朝一丈等於十尺、一尺等於今二四．五公分換算，以下同），基部闊一百四十丈（約等於三百四十三公尺），壩頂闊四十五丈（約等於一百一十公尺），壩上種植樹木，軍隊也駐營在此，是當時世界最高的土石壩，據估計壩後方應該會形成面積約六千七百平方公里的人工湖。若與現代的水壩相比，臺灣桃園的石門水庫大壩長三百六十公尺，高一三三．一公尺，壩頂寬十一．二公尺；大陸的超級水利工程三峽大壩長二．三三五公里，基部寬一百一十五公尺，壩頂寬四十公尺，壩高一百八十一公尺，由此可以看出浮山堰工程有多麼龐大與艱鉅。

當年八月間，就在南梁眼看大壩後方水位不斷升高，準備找個時機放水淹城之際，黃淮平原上的夏季季風雨湧到，短時間內天降大雨，淮水暴漲，浮山堰承受不住，突然崩塌。變出俄頃，壩頂的駐軍立即淪為波臣，下游河道兩旁的居民也被捲走，總計十餘萬軍民人等迅速被沖進海裡。這個給南梁軍隊與戰地人民帶來無盡災難的大工程，一度也曾震驚北魏，不得不派兵爭奪，結果它在未曾周詳考慮氣象因素之下，一夕化為烏有。北魏聞訊鬆了一口氣，撤回突襲部隊，南梁經此損失，更無力再戰，此輪戰事終止。

浮山堰事件是中國軍事史與工程史上的大事，也是南北朝戰禍慘烈、民不聊生的象徵之一，而它恍如一場惡夢般的荒謬，本身就充滿著魏晉南北朝的氣息。

五二四～五二九年之戰

五二三年（梁普通四年），北魏邊區爆發大規模動亂，史稱「六鎮之變」。念念不忘北伐的梁武帝見有機可乘，就在五二四年（梁普通五年）又一次下令北伐。此時北魏忙於鎮壓反叛與內部鬥爭，無力顧及南方邊疆，遂使南梁軍在五二四～五二六年（梁普通七年）間頗有斬獲，攻克五十二座城池，包括多災多難的壽陽在內。

五二八年（梁大通二年）北魏孝明帝被母親胡太后毒死，大將爾朱榮又殺死胡太后與她所立的小皇帝，國內大亂。北魏宗室北海王元顥恐怕禍及己身，率其子元冠投奔南梁。元顥來降，梁武帝大受鼓舞，認為可以利用他成立傀儡政權，使北魏亂上加亂，間接控制北方，於是封元顥為魏王，派出名將陳慶之率兵護送他返回北方，至此南梁直接介入北魏內部的政爭，戰事再起，局勢也變得更加複雜。

五二八年十月起，陳慶之率軍接連攻克睢陽（今河南商丘）、滎陽（今河南滎澤）等城，元顥立即在途中稱帝。南梁軍至大梁（今河南開封），魏守軍投降，南梁軍直逼洛陽。爾朱榮所立的北魏傀儡皇帝孝莊帝自知不敵，只得撤退，渡過黃河北逃，留在洛陽的一批北魏宗室率領殘餘的文武百官迎接自稱皇帝的元顥進入洛陽。元顥接管北魏宮殿，建年號為建武，封陳慶之為侍中、車騎大將軍，於是北魏分裂，出現兩個皇帝、兩個政府，而陳慶之將軍也同時擁有南梁與北魏兩國的官職，南北朝亂世的怪現象至此畢現。

這種不穩定的局面顯然不能持久。梁武帝與元顥本來就是互相利用，元顥回國稱帝的企圖既已達到，必然與梁武帝貌合神離，漸行漸遠，希望做一個真正的北魏皇帝。他給陳慶之封官，表面上是論功行賞或不得不然，實際上恐怕暗含離間南梁君臣的計謀。陳慶之固然建功立業；但大將領兵在外，還長期以客卿及保護者的身分，與一個表面上客客氣氣的北魏皇帝相處，幾乎不可能不引起梁武帝的猜疑。陳慶之也看出自己孤軍深入的處境與元顥想擺脫南梁控制的心理，曾以恐怕敵人反攻，兵力不足為理由，在元顥的朝廷上建議請南梁增兵，希望一舉將兩個隱憂同時解決。元顥則正想方設法擺脫南梁的控制，唯恐陳慶之另經私下管道說服梁武帝增兵，就搶先給梁武帝上表，聲稱新克服的地區應該採取安撫懷柔策略，不宜增兵使百姓恐慌。心有不可告人盤算的梁武帝果然接納，不再發兵，於是陳慶之和南梁在洛陽的駐軍孤懸在黃河邊，無人理會，成為典型的孤軍，其命運已經注定。

五二九年（梁中大通元年）六月，爾朱榮結集大軍，發動反攻，陳慶之雖仍能抵擋，元顥卻很快戰敗，洛陽危急，元顥再度南逃，被殺死於路途中。陳慶之畢竟將才過人，在此種局面下還能率殘軍撤退，不料又逢山洪暴發，南梁軍損失殆盡，陳慶之削髮剃鬚扮成僧人，總算逃回江南。洛陽以下此次南梁北伐所得的土地全部喪失，此後南梁再也無力發動對北魏的大規模作戰，梁武帝的北伐全盤失敗。

梁武帝是個十分熱中北伐的南朝皇帝，幾次北伐卻一一失敗，若論其原因，梁武帝本人固然要負最大的責任；但他導致失敗的決策其來有自，其實是受到當時政治與軍事環境的影響。

梁武帝第一次北伐以弟弟蕭宏為將，當然是起用非才；但這與他的用人之道與授權政策大有關係，這本是南梁以皇室子孫掌握兵權政策的一部分。南朝皇帝對寒門或低層世族的軍人極不放心，因為南朝開始就是從這個群體裡發跡的，皇帝們深知若軍人反叛，高層世族只會袖手旁觀。在這種情況下，梁武帝將許多蕭氏子弟封王，派往各地擔任地方長官，掌握當地兵權，出征時也盡可能以皇族掛帥，目的是希望戰功由皇族獲得，避免出現功高震主的他姓將軍。

梁武帝北伐的另一個基本問題在於戰略構想。當時南北對立，一邊一國，故南梁出兵攻打北魏，必先確定戰略目標：是要收復全部黃河流域，將北魏逐出長城，或是只希望推進到黃河一線，長久據守，以此為南北雙方分界？若是後者，則只能說是希望擴大國防空間，屬於以攻為守的戰略。中國歷史上，元朝末年朱元璋從南京派兵北伐，就是以攻下北京，驅逐蒙古人於長城之外為目的，也順利達成；三國時諸葛亮屢次從四川北伐曹魏，則是以攻為守型的北伐，目的在迫使占有人力、物力絕對優勢的曹魏一直陷於被動，蜀漢才能安全。若以此檢視南梁的北伐，則梁武帝在戰略構想上似乎陷入混淆，不屬於以上二者。

南梁建國之際，北魏已經遷都洛陽，洛陽迅速成為繁華的城市，散發出政治、經濟與心理層面的吸引力。既然一個肥美的敵國首都就在黃河南岸，那麼只要攻下它，加以長期占領，就已經滿足了南朝政治、經濟與心理層面的需求，又何必好高騖遠，冒險而進，非攻下北魏的舊都平城（今山西大同），將鮮卑人趕出長城不可？一旦戰略如此確定，北伐的兵力就只要足夠推進到黃河即可，不需起傾國之兵；何況這樣還有一個不能明說的好處，就是藉限制兵力使領兵大將的實力受限，不致因戰勝而坐大，豈非一舉兩得？就以陳慶之為例，從史書的記載看，梁武帝交給陳慶之北伐的兵力應該不會超過一萬人，因為在滎陽攻城戰中，陳慶之自己說南梁軍只有七千人。陳慶之從小就跟在梁武帝身邊，畢生只有梁武帝一個老闆，與梁武帝的關係長久而緊密，尚且如此，其他人可想而知。

總之，梁武帝主導的北伐，目標最遠只到洛陽，戰爭範圍大部分在淮水地區，必然有他如此選擇的原因，值得推敲。然而語云：「取法乎上，僅得乎中，取法乎中，僅得乎下。」南梁的北伐既不以消滅北魏為目的，則北魏即使暫時失去首都洛陽，情況也並非惡化到生死存亡關頭的地步，盡可以暫時後撤，再從北方調兵反攻。南梁的北伐便在這些背景下師老無功，徒然招致己身的大量損失而已。

南梁北伐最終失敗時，北魏的氣數也已將盡，雙方內部問題都日趨嚴重，南北戰爭自然停頓下來。五三四年，北魏實際已被兩個大軍閥分別掌控東部與西部，分裂成為東魏、西魏二國，互相征戰，南北朝進入後期，國際局勢則成為三國鼎立，展開另一波的風雲變幻。

南北朝後期局勢的變化

南北朝後期，局勢又變得複雜起來。南朝在五四七～五五七年之間遭遇侯景之亂（詳情於第六章敘述）與其後的混戰，處於極度混亂的狀態，前後延續十年，戰火從東海之濱延燒到四川，南方被嚴重破壞，損失慘重，終南朝不能恢復。到五五七年南陳建國時，只剩長江流域的東半部，長江成為北方邊界，而且國土殘破，經濟受損嚴重，南朝國力已無法與北朝相提並論。然而北朝此時卻處於分裂狀態，東方的北齊與西方的北周爭戰不休，暫時無力顧及南方，南陳則與兩國都有接壤之處，又因與北齊的邊疆很長，且接近首都建康，影響較為直接。在這種狀態下，等到南陳內部逐漸穩定，元氣逐漸恢復，總算有了一定實力後，三國之間的關係也變得微妙起來，後來居然導致南陳的北伐。

南北戰爭第三階段：三國鼎立與南陳北伐

南北朝後期三國鼎立，隨著國際情勢的變化，南陳領導者看出可以火中取栗，在其間獲利的契機，導致南朝在最後的階段，仍然出現主動北伐的戰爭。

五七三年之戰

陳宣帝（五六九～五八二年在位）胸懷大志，即位後面對三國鼎立的局面，決定採取自古流傳的「遠交近攻」策略，對西北邊的北周友好，準備攻擊正面的敵人北齊。北周當時與北齊的對抗已進入後期，北齊暴君、亂君、昏君連續出現，政治混亂，國內漸漸離心離德，北周則整軍經武，有消滅北齊之意。北周也遵循遠交近攻的戰略，決定聯絡南陳同時出兵，希望南陳軍能牽制住部分北齊軍力，使北齊首尾不能相顧，有利於滅齊作戰。於是北周派使臣到建康，提出兩國共同伐齊，分頭並進的建議，還慷慨地表示消滅北齊之後，雙方平分天下。

這種建議讓陳宣帝看出趁機取利的希望，於是表示同意，開始準備對北齊的戰爭。到五七三年（陳太建五年）時，陳宣帝認為時機已到，開始北伐，派大將吳明徹領軍十萬，渡江北進。這次北伐開始時非常順利，連續攻克北齊南方的重鎮，幾乎收復全部淮河以南地區，南陳的北方邊界推進到淮河。至於北齊為何如此不堪一擊，原因在於當時已到北齊末年，國勢衰落，大部分精兵又都放在西線抵抗北周，南方防務空虛，才會被南陳乘虛而入。

陳軍占領淮河地區後並未繼續前進，其原因為何？因史無明文，成為一個有待研討的問題。當然陳宣帝並非庸才，北伐到何處停止他應該自有規劃。假使他認為此次北伐的目的在於拓展領土與加大國防縱深，則取得淮河地區後都已如願以償，應該鞏固戰果，經營新獲得的領土，自然沒有必要再冒險前進。至於是否南陳軍不再前進的原因僅止於此？或許可以從另一個完全不同的角度推論。

如果觀察吳明徹將軍畢生的作戰經歷，可以發現他擅長水戰，指揮艦隊作戰，往往獲勝，而他碰到攻城戰時，採取的戰法幾乎只有一招，就是在敵城附近的河道下游築堤蓄水，等水位高漲後，乘船逼近城牆頂部發動進攻，萬一進攻不利，還可隨時掉轉船頭撤退，對方無法追及。這種戰法吳明徹運用純熟，又碰上長江、淮河之間河道甚多，所以他能發揮專長，得其所哉。可是一旦進入黃淮平原中部，河流減少，吳明徹無法發揮所長，將被迫進行他與南陳軍隊都不擅長的大平原陸軍會戰，他和陳宣帝都沒有把握，應屬當然，所以才見好就收。這種情況可能是南陳軍隊北伐自動設限的隱藏性因素，也是一種有趣的解釋。

五七七年之戰

五七三年北齊在南方受挫，只得抽調部分兵力南下，西線更加危急。北周抓住機會，全力進攻，到五七七年一舉滅亡北齊，北方復歸統一，與陳朝約定「共滅齊國，中分天下」的往事，當然不會再提。就在北齊滅亡之際，陳宣帝認為可以趁北周對北齊故土統治尚未穩固的機會，進一步開疆拓土，於是就在五七七年（太建九年）再度下令北伐，仍以上次戰勝的吳明徹率軍，目標是徐州至兗州（今河南滑臺）一帶。

此次吳明徹率領數萬大軍，猛攻彭城附近的呂梁（今江蘇銅山境內），仍然採取駕輕就熟的策略，築堤蓄水，乘船攻擊。然而北周軍剛剛滅亡北齊不久，銳氣正盛，而且將領顯然研究過吳明徹的戰法，也想好破解之道，至此南陳軍的氣數將盡。北周的援軍並不直接攻擊南陳軍，而是在河道中建構大型障礙物，先堵截住南陳軍船隊的退路，再找機會決戰。南陳軍果然大起恐慌，吳明徹也無法可想，只得聽從部下建議掘開堤防，希望趁著沖出的水勢撤退，結果洪水迅速消失，南陳軍船隻四散擱淺，部隊全面潰散，吳明徹本人及

三、四萬軍隊皆被俘虜，只有數千人逃回，南朝最後一次北伐就此終結。此後南朝滅亡的命運已經確定，只剩北方何時征服南朝而已，歷史證明這個時間點落在十二年之後。

陳宣帝的北伐，有人認為是急功近利、目光短淺又不自量力的輕率之舉，尤其第一次北伐嘗到甜頭後，第二次還想如法炮製，更是決策的大錯。若以結果論，當然如此；然而陳朝先天不足，經濟力與武備從開始就難與北朝相比，陳宣帝以一個有為之君面對此種形勢，有可能決定必須先拓展疆土才能充實國力，以便未來能夠與北朝長期對抗，又遇上北朝分裂的時機，才兩次北伐的。至於他起初為何不以奪回長江流域西部為目標，出兵攻打北周，應該是看到北齊衰亂，國力下降，才挑中這個北朝較弱的一方。

中國歷史上與此類似的時代出現在宋朝。北宋末年採取聯金滅遼政策，南宋後期也聯蒙古滅金，結果遼、金滅亡後，北宋與南宋就直接面對更凶悍的新銳敵國，最後不免於滅亡。一個政治領袖謀國之難，由此可見，身為較弱的一方，更是如此。《孫子兵法．軍形篇》說：「勝兵先勝而後求戰，敗兵先戰而後求勝。」以此分析南陳的北伐，可以發現南陳正是處在長遠的敗局中，其北伐可稱勇敢，卻是敗兵先戰而後求勝了。

打打談談，談談打打，互別苗頭的南北關係

南北朝時南北雙方在戰場上凶狠殘暴，但戰爭並非每天都在進行，戰時以外，雙方還是有互相來往的需要，有時還必須借助交往以緩和緊張關係，所以互動始終存在。例如在外交上，雙方都會不定期派遣代表團出使對方，交涉一些事務，當時稱為「交聘」。「交聘」對雙方來說都是大事，因為它要處理和談、結盟、邊境官方與民間貿易、交換俘虜等事務，同時具有刺探、討價還價、社交、宣傳、抬高自己、貶抑對方等功能。每次不論南來或北往，只要一方派團出使對方，就是一場針鋒相對，在各個領域互別苗頭的大戲。

互別苗頭無所不在。首先是出使行為本身。派代表團出使的一方稱此為「報使」，即報聘對方的出使；另一方則老實不客氣地稱對方是「朝貢」。其次是使節團的遴選。使節團代表國家與皇帝，組成必須謹慎，成員的條件甚高，尤其注重儀表氣質、文化素養、口才與臨機應變的能力，絕不可馬虎，萬一出使時有辱國體，回國後必將遭受懲處。清代史家趙翼在《二十二史劄記》中對南北朝出使團成員的描述是：「必妙選行人（按，使節），擇其容止可觀、文學優贍者，以充聘使。」

等到雙方代表相見，脣槍舌劍之爭立刻開始。雙方都竭盡所能地逞口舌之利，希望壓

倒對方，諷刺、爭論連綿不絕，絕無冷場。本書將探訪兩個這樣的場景，代表兩種不同的場合與主題，但其氣氛之緊繃與言詞之尖銳並無二致。

第一場

南朝宋北伐導致北魏太武帝親自率軍南侵，直逼彭城，在彭城外駐下軍隊。北魏決定先禮後兵，要求城裡劉宋的守軍派代表出城，雙方在北魏營地會談，目的在宣揚國威並一探虛實。劉宋守軍同意，派出張暢為特使出城到北魏軍營，北魏則命李孝伯主談，並負責接待。《魏書》裡記錄下當時雙方的對話，從見面寒暄開始，現在就直接翻譯為白話文，以求生動：

李孝伯（以下稱北李）遠遠就招呼：請問貴姓？

張暢（以下稱南張）：姓張。

北李：原來是張長史。（按，長史，官名。）

南張：您怎麼知道？

北李：既然到貴地，怎能不知道？

南張：您又姓什麼？官居何職？

北李：我是個兵，哪裡值得您問？不過足夠做您的對手。

北李：皇上頒布詔令：「太尉、安北將軍（按，當時劉宋領兵的兩個皇族的官名）可以暫時出營一下，要跟他們見見面。朕也沒有攻打彭城，你們為何讓將士操勞，在城上嚴加戒備？現在派人送你們駱駝跟貂皮大衣等等東西。」

南張：「頒布詔令」這種話，只可以用在那邊的一國，在這裡怎麼可以這樣說！

北李：您那邊的太尉、安北將軍是不是臣子呢？

南張：是的。

北李：我們朝廷統轄萬國，四海之內沒有敢不稱臣的，即使是鄰國的君主，下個命令為什麼不能對鄰國的臣子稱作詔書？

然後雙方談到主題，經過冗長的辯論後，進入結論。

北李：您靠著這些空洞的話，支離破碎地回答我，可以說是「遁辭知其所窮」（按，語出《孟子．公孫丑上篇》）。何況皇上應當不會圍攻這座城，只會親自率領各路大軍直到瓜步。南方的事如果辦成，這座城早就不必圍攻了；南方之行如果不能取勝，彭城也就不是想要的了。我方現在將啟程向南，要到長江大湖讓馬喝喝水而已。

南張：要去要停這種事，他怎麼想都可以。如果魏國皇帝真能讓馬在長江邊喝水，就是沒有天理。

北李：從北方能到南方，靠的是人力，讓馬到長江喝水，難道只有天理？（按，省略「能管」。明末清初的〈多爾袞致史可法書〉中有「將以為天塹不能飛渡，投鞭不足斷流耶？」兩句，與此異曲同工。）

至此，張暢告辭要回城中。

南張：河北地方掃蕩平定已經指日可待，我們下次相見恐怕不遠。您如果能到宋朝，今天就是我們認識的開始。

北李：現在看來我應該會先到建業等著您呢。只怕有一天您與兩位王爺自己綁起來請求恕罪，我來不及整理儀容迎接。

經此一番沒有刀劍的戰役，連張暢都對李孝伯的風度嫻雅、應答如流大為嘆服，北魏太武帝更是大大高興，立刻封李孝伯為宣城公。

第二場

南梁武帝蕭衍有一次向北魏分裂後的東魏建議雙方和談，東魏同意，派使節團到南方談判。

為此東魏慎重遴選使節團成員，最後決定以李諧擔任團長。李諧率團到達建康外的石頭城，南梁派主客郎（按，迎賓長，相當今外交部禮賓司官員）范胥迎接。隨著雙方見面，脣槍舌劍的廝殺立刻開始：

李諧（以下稱北李）：迎賓長擔任這職務多久了？

范胥（以下稱南范）：我本來在宮門旁教導皇家子弟，又剛好擔任現在這項職務。

北李：國家學府教授不應該被貶官到郎這一級。

南范：特別為迎接遠來的賓客，所以暫時兼任。

北李：委屈自己來辦事，真是因事制宜。就因為我區區一個使者，令您貶官了。

南范：我看看微薄的自己，不足以對應顯揚（按，省略「您的」）盛大優美，怎敢說委屈自己？

南范：現在還暖和，北方應該比這裡稍冷一些？

北李：土地位於陰陽端正的所在，冷暖都在適當的時間，不知道（按，省略「冷」）多少。

南范：我所問的鄴城，難道是測量日影的地方？（按，諷刺東魏首都鄴城不算正式國都。中國古代在首都矗立標竿，記錄日影的變化以確定曆法，頒行全國。）

北李：都是皇帝的居所，相距不遠，可以統而言之。

南范：洛陽既然以盛大美麗著名，因為什麼事搬到鄴城？（按，這裡在諷刺北魏末年內戰導致首都洛陽殘破，東魏只得遷都鄴城。）

北李：「不能長久住在一個地方，到現在已經五個國都了。」（按，語出《尚書．盤庚上篇》）帝王沒有城裡城外，所在之處就是首都，有什麼奇怪的？

南范：殷朝人遭遇危難，所以遷都到相、耿地方，貴朝為何而遷徙？（按，緊咬東魏遷都

一事不放）

北李：聖人鑑往知來，選定時間就行動，何必等到興衰？

南范：金陵從前代起就有王者之氣的徵兆，黃色的旗幟、紫色的華蓋本來出於東南，君臨萬國，應該在這裡。

北李：這些只是帝王的符籙，怎能與中國的偉大相比？紫色的華蓋、黃色的旗幟，進入洛陽時就結束，難道不是自己害自己嗎？辯士的話，開開玩笑罷了，沒什麼了不起！

這次外交辭令對陣後，梁武帝聽說李諧的口才，特予召見，李諧不卑不亢地回答梁武帝的問題，使南梁上下都十分佩服，他回國後當然升官。然而或許這趟出使任務從頭到尾極為緊張，消耗心血太多，李諧回國不久就腦血管病變發作，先是半身不遂，隨即死去，年僅四十九歲，可見南北朝時外交特使之難為。

外交接觸既然如此緊張，南北雙方都非常重視接待對方使團，特別修建了專用招待所，稱為「客館」。客館由地主國管理，有專職官員負責，職稱是「館司」或「監館」，除表面上接待外，還附有監視與蒐集情報的責任，故任何使者的言行都必受監控。有時特使團還在談，派遣國就出兵攻來，尚未返國的使團就要遭殃，立刻被貼上緩兵之計、障眼法等標籤。雖然基於「兩國相爭，不斬來使」的古訓，不致被逮捕問斬；但也必定全團遭到扣押，客館就成為拘留所。北魏孝文帝有一次派往南齊的使團就碰上這種遭遇，當時談判尚在進行，北魏軍已發動南征，南齊就以腐米、臭魚、莝豆（按，餵馬的飼料）供餐，藉以虐待北魏使者，雙方因此在客館發生衝突，北魏使節團長盧昶嚇得放聲大哭，團員張思寧則抗爭不屈，竟死於客館，盧昶回國後被孝文帝當面責罵，立刻罷官。據統計，整個南北朝使團被拘留事件至少發生過七起，可見當時雙方的針鋒相對與政治局勢的千變萬化。

使節團到達對方國家後，還會被對方要求「切磋技藝」，舉行比賽，項目從賦詩、騎射到圍棋都出現過，當然出使的一方也可能準備以己之長攻對方之短，故意帶著高手向對方叫戰，所以使節團中還需要配屬專業人才，以備不時之需。例如北魏孝文帝時曾派官員李彪出使南齊，李彪也是北魏圍棋高手，他有心在圍棋上壓倒南齊，就帶上洛陽第一高手范甯兒同去，要求雙方以比賽圍棋「聯誼」。范甯兒是「棋童」，即受國家培養的職業圍棋神童。南齊也知道來者不善，便推出南方第一高手江南名家王抗對抗。這場被史書記載下來的南北圍棋對抗賽，結果北朝神童擊敗南朝大師，為北魏掙足面子，在場的北朝使團揚眉吐氣，南朝人士則垂頭喪氣的模樣，一千多年後都可以想見。果然李彪回國後立刻升官，此後多次北魏的使節團名單中，范甯兒都赫然入列，有可能是南朝輸掉這一場很不甘心，以後每次都要求活動中加入這項比賽；只是北朝神童以後的戰績如何，歷史就沒有記載了。

總之，南北朝時期南北雙方的抗衡是持續的，也是全面的。「索虜」、「島夷」之間真刀真槍的戰場上烽火連天，洪水橫流，殺人盈野、殺人盈城，沒有硝煙的戰場上照樣競爭激烈，寸步不讓。一千多年前兩個勢均力敵的大國，就這樣留下一幕幕針鋒相對的場景，讓我們在探訪之餘，不禁感覺時間雖如此遙遠，場面竟如此熟悉。

資料出處

《宋書》文帝本紀、檀道濟傳、王玄謨傳、索虜列傳
《南史》到彥之傳、梁宗室列傳上
《梁書》武帝本紀、陳伯之傳、康絢傳、陳慶之傳

《陳書》武帝本紀、宣帝本紀、吳明徹傳
《魏書》島夷列傳、盧玄傳附盧昶、李孝伯傳、李平傳附李諧
《北史》藝術列傳下蔣少游、序傳
《稼軒長短句》
《陸放翁全集》
《柏莊詩草、藥帖：丘先甲、丘逢甲、丘念台遺墨彙集》

江南春

唐 杜牧

千里鶯啼綠映紅，
水村山郭酒旗風，
南朝四百八十寺，
多少樓臺烟雨中。

第二章 捕鼠達旦狎客宴，步步生蓮半面妝

昏君、亂君、暴君與宮廷女性

讀史方知世事艱　來龍去脈不能刪
南朝多少興亡事　盡在宮闈祕奧間

探訪過南朝北伐的血腥殺戮軍事戰場與南北雙方針鋒相對的外交戰場後，我們的南朝第二項探訪旅程將進入南朝宮廷深處，一窺當年在這裡發生的事情。這些事情，應該會讓後代的探訪者大大驚訝，印象深刻。

南北朝是中國歷史上非常獨特的時代，宮廷則是其獨特性的重要表徵。在中國歷代皇室中，應該以南北朝的皇室最為荒唐，而且南、北皆然，成為此時代的一大特色。

南朝皇室亂象

只要檢閱南北朝時代皇帝、皇族與宮廷女性的傳記，將立即發現有很大比例連篇累牘都是這些人荒唐的紀錄，充滿著奢侈、浪費、殘酷、殺戮、淫蕩、任性、偏執與不知所云的荒唐行為。

這些人一朝權在手，便把令來行，先將他們認為威脅到自己的人全部殺光，從此胡作非為到匪夷所思的境地；但輪替也極快，經常是前一批人荒唐幾年後慘死，換另一批人登場，殺戮依舊，荒唐也依舊，過幾年照樣走上絕路。宮廷男性如此，部分宮廷與皇族女性的奢侈、浪費、淫蕩、任性，其程度也史冊難尋。

南朝皇室的這種狀況極為普遍，導致南朝皇帝的折損率極高，皇帝在青少年時期即被殺、被廢者甚眾，尤其以宋、齊兩代最為慘烈。

依據《南史》的記載，可以將南朝各代皇帝歸納出以下數字：

📖 宋（四二〇～四七九年）：共九帝，平均在位六．五年，其中六帝被殺。

📖 齊（四七九～五〇二年）：共七帝，平均在位三．三年，其中四帝被殺。

📖 梁（五〇二～五八七年，含後梁）：共九帝，其中一帝餓死、四帝被殺、一帝還投降被俘，除武帝在位四十八年外，其餘平均在位四．八年。

📖 陳（五五七～五八九年）：共五帝，平均在位六．三年，其中一帝被廢，可能被殺，一帝被俘。

折損率這樣高的一批皇帝，就在首都建康的皇宮裡發號施令了一百七十年。因此南朝宮廷中的荒唐與動盪，也很類似瘧疾，每隔一段時間就會發作一次。

南朝皇室的昏、亂、暴實況

南朝的皇帝中有昏君，有亂君，也有暴君，還有昏君兼暴君、昏君兼亂君，更有昏君兼亂君兼暴君。

昏君指智慧不足，行事昏亂，當政無能的統治者，又可分為二種：一種是智力正常，卻酗酒、漁色、斂財、整天玩樂的君主，如果完全不顧皇帝應有的角色特性，行為狂亂到匪夷所思，還可以同時稱為「亂君」；另一種是智障君主。前者歷史上常見，南朝尤其多；後者最著名的例子有高度智障的東晉安帝、中度智障的西晉惠帝，南宋寧宗可能也屬於此類。昏君不願或無能處理國政，卻不見得殘暴，智障的君主更是如此，晉朝的兩個智障皇帝就都沒有暴虐殺人的紀錄。

暴君則指使用嚴刑峻法，以殘暴、殺戮為手段甚至興趣的統治者，最著名的是秦始皇。暴君不見得昏庸，很多暴君都智慧過人，精力充沛，工作勤奮，自視極高。

「昏」、「亂」與「暴」並不必然同時出現在一個君主身上；但如果在一個君主身上同時出現，帶來的禍患一定比單純的昏君或暴君更大。不幸的是，南北朝的君主卻常常既昏且亂且暴，當時政治的黑暗與民生的痛苦可想而知。

南朝昏、亂、暴或既昏且亂且暴的皇帝甚多，他們通常具備四個特徵：

一是年紀很輕；

二是行事趨向極端，可謂匪夷所思；

三是不斷發生，幾乎成為常態；

四是內鬥不絕，骨肉相殘極為嚴重。

想把南朝探訪透徹，就必須將建康皇宮裡那些皇帝昏、亂、暴的事蹟弄清楚。這會讓人嘖嘖稱奇，卻並不是很愉快的經驗，請先有心理準備。

南朝歷代皇帝的昏、亂、暴事蹟

劉宋

少帝劉義符（四二二～四二四年在位，被殺，得年十九歲。按，虛歲，以下同）

在御花園華林園中修建整列店鋪，親自當售貨員，可稱角色扮演的祖師級人物。喜歡乘船出遊，沿途又唱又叫，最後被政變的軍隊在龍船上逮捕，當場被廢，隨即囚禁。政變團體要殺他時，竟能憑藉力氣大甩脫凶手逃走，闖出城門，終於被追兵用門閂當木棍，從腦後打倒在地而死。

孝武帝劉駿（四五三～四六四年在位，病死，享年三十五歲）

此人的特色在於，所有皇帝應該被勸諫的行為他通通有：

性喜奢華，宮殿牆柱、地板皆鋪上錦繡，又嫌原宮庭狹窄，另建新殿，地基就在其祖父宋武帝劉裕生前居所上。動工時率領大臣圍觀，房屋外牆拆掉後，發現床頭用泥土做成屏風，牆上掛著葛燈籠、麻繩拂，侍中袁顗在旁邊稱讚宋武帝有節儉樸素的品德，做為孫子的宋孝武帝卻不屑地說：「鄉下老頭能得到這些東西，已經太過分了！」

酗酒貪杯，宿醉醒來繼續喝，喝成一個酒糟鼻。

好色無度，不避本宗，與堂妹通姦，將她改姓殷，接進宮中，封為貴妃，甚至《南史》還爆料說他和生母路太后亂倫通姦，不論此事是否真實，從他的兒子前廢帝批評他為「這傢伙大大好色，不顧尊卑」，就可以看出劉駿的性放縱。

貪財好利，規定各州刺史及俸祿在二千石以上的官員，卸任回到首都時都需要向他奉獻財物，等於皇帝對地方官員貪汙所得抽頭，也迫使本來清廉的地方官也不得不貪汙。

個性高傲，自以為是，曾殺死屢次犯顏直諫的官員，又性喜戲謔，常戲弄大臣，卻不許別人對他開玩笑，敢這樣的立刻翻臉殺掉。

株連無辜，以殺戮立威，平定一次反叛後殺掉幾千人，將頭顱堆積成塔，排列在長江邊。

不知體恤百姓，在位末年江浙一帶發生大饑荒，可能餓死幾十萬人。

雖然如此，他在南朝皇帝中還不算最荒唐的。

前廢帝劉子業（四六四～四六五年在位，被殺，得年十七歲）

此人是昏君、亂君兼暴君的典型。昏亂的一面，其代表作有：

母親病危，派人找他來看最後一眼，他說：「病人那裡有很多鬼，怎麼可以去？」堅決不去，氣得太后說：「拿刀來剖開我肚子，看看怎麼會生出這傢伙！」

與姑母新蔡長公主亂倫通姦，難分難捨，竟宣布長公主死去，殺死一名宮女假冒其屍體，送回家中，要其夫大辦喪事，在宮中卻把姑姑封為貴嬪，詐稱她姓謝，新蔡長公主的丈夫還想反抗，被他親自領兵殺掉。

無子，知道廷尉劉曚的妾懷孕，將她接入宮中，後來這位大臣之妾果然生下一子，遂立為太子，大赦天下。

為姊姊山陰公主設置面首（男寵）三十人，山陰公主後來看上一位風儀俊朗的大臣，前廢帝就命令他去陪侍姊姊十天（按，詳情將後述）。

喜歡去華林園竹林堂遊玩，還要隨行的女人們全部脫光衣服互相追逐，有一個女人不服從命令，立刻下令殺掉。不久，夢見有一女子罵他：「皇帝你暴虐無道，看不到明年穀子成熟了。」前廢帝發怒，在宮中找到一個面貌類似夢中人的宮女殺掉。當天晚上又夢見被殺的宮女罵他：「你把我冤枉殺死，我已經向上帝告發。」前廢帝害怕，找巫師商量，巫師說：「這屋子裡有鬼。」前廢帝就帶著山陰公主及宮女數百人，跟隨一大群巫師抓鬼，要侍衛全部避開，巫師說哪裡有鬼，前廢帝就親自拉起弓箭射去。

暴的一面有：

痛恨其父孝武帝，想挖掉父親孝武帝的墳墓，聽說會對他不利才停止，改為用糞便大潑一通。又挖掉父親寵妃殷氏（本姓劉）的墓與父親為殷貴妃修建的佛寺，因其中全是女尼，還想殺盡各地女尼。

先將主政大臣戴法興誅殺，又將圖謀廢掉他的三名顧命大臣殺害，對其中之一的叔祖父江夏王劉義恭是砍下四肢，拉破心臟，最後把眼球挑出，丟進蜂蜜裡，還為它起個名字叫「鬼目粽」。

摧毀同族，不遺餘力。被他殺死的劉宋皇族包括叔祖父江夏王劉義恭、弟弟晉安王劉子勛、弟弟新安王劉子鸞、妹妹劉子師等，對於剩下的叔父們，前廢帝將他們都囚禁於殿內，時常毆打欺凌。

他最忌憚十一叔湘東王劉彧、十二叔建安王劉休仁及十三叔山陽王劉休祐，將三人分別放進竹籠量體重，把最肥最重的劉彧稱為「豬王」，劉休仁稱為「殺王」，劉休祐稱為「賊王」，才能低劣的八叔東海王劉褘也被稱為「驢王」。前廢帝曾經脫光劉彧的衣冠，推進泥水坑裡，再將飯菜倒在木槽中，混合泥水，要劉彧像豬一樣趴在木槽邊進食，做為他的娛樂。

這三王的命朝不保夕，劉彧即曾因抗拒惹惱前廢帝，前廢帝命人將他衣服剝除，用竹槓綁住四肢，說：「今天殺豬。」劉休仁在旁陪笑說：「豬今天還不該死。」前廢帝問何故，劉休仁答道：「等皇太子出生，才殺豬取出肝肺。」這段期間多虧劉休仁口才伶俐，常能說些玩笑話取悅前廢帝，他們才沒有被殺。

前廢帝還屢次逼姦宮中前朝嬪妃，不但自己如此，還與眾「同樂」，極盡羞辱之能事。他居然曾命令一批侍從官員當著叔父劉休仁之面，輪姦劉休仁的生母，也就是前廢帝自己的叔祖母楊太妃，有一位侍從拒絕，被當場殺掉；他又去逼迫叔父南平王劉鑠的王妃江氏就範，江氏堅決拒絕，前廢帝就先鞭打她一百下，再殺了她的三個兒子。前廢帝也想殺叔父劉昶，迫使劉昶投奔北魏。

最後湘東王劉彧的部下祕密結合前廢帝劉子業身邊的官員，在他浩浩蕩蕩抓鬼時趁機殺了他，劉子業僅在位一年四個月，卻已經做出這樣多的荒唐事。

明帝劉彧（四六五～四七二年在位，病死，享年三十四歲）

劉彧在前廢帝時期備受凌辱，幾乎喪失性命，執政前期又遇上眾親王及地方鎮將相繼叛變，費盡力氣才平定，這使他成為一個極度猜忌的皇帝。

為防備宋孝武帝劉駿諸子爭奪皇位，劉彧採取釜底抽薪之計，大殺諸姪子，這樣仍不安心，導致他懼怕鬼神，忌諱特多。他規定言語或文書中有禍、敗、凶、喪等意義的都要迴避，觸犯就是死罪。

迴避的範圍甚廣，有些全屬捕風捉影，例如他下令改「騧」字為「馬」字邊加「瓜」，等於自行造字，只因「騧」字類似「禍」字。後來路太后死去，在搬運停屍床時恰巧被他看見，立刻大怒，用連坐法殺死數十人。在他統治期間，大家都害怕觸犯忌諱，人人自危。

明帝心思既不在治國，又經常作戰，政府入不敷出，百官俸祿無法發給，只得賣官鬻爵，而且胡亂濫賣，郡太守、縣令出一個缺，竟然可以賣十次！這樣得來的錢，他命令宦官埋在宮殿地下，當作私房錢。

劉彧被前廢帝稱為「豬王」，其實其來有自，他的肥胖顯然肇因於病態的暴食。他特別喜歡兩樣食物，一是蜜漬魚，一吃就是幾升；一是臘肉，時常一吃兩百片。劉彧還有一種奇怪的習慣，每次需要一件物品，一定要求準備正品三十份，副品三十份、次副品又三十份。也就是說，任何東西都必須備齊同樣的九十份，這種心理可稱為病態的不安全感。

後廢帝劉昱（四七二～四七七年在位，被殺，得年十五歲）

此人又是昏君、亂君兼暴君的代表。

後廢帝劉昱天資聰穎，讀書過目不忘，但對此極為厭惡，興趣在工藝與音樂，做起金銀器飾或衣帽都很優秀；未曾學過吹篪，拿到手能立刻吹奏，體力也好，五、六歲就能爬上一丈多的高桿。他性格暴虐放縱，當明帝劉彧的皇太子時就常赤腳蹲坐，任意動手打人。做皇帝以後不再衣冠整齊，時常穿著方便活動的短衣，又製作幾十根大棍子，各取名號，用來打人，身邊一定帶著鉗子、錐子、鑿子和鋸子等刑具，以供擊腦、槌陰、剖心，高興起來就用來殺人，還常常切割屍體。一次有一個隨從看不下去而皺眉，劉昱命令他立正站好，抄起矛就把他的身體刺穿。由於劉昱沉溺於殺人，一天不殺人就悶悶不樂，官員和首都附近的百姓都人人自危，朝不保夕。

劉昱顯然是個過動兒，不願待在宮裡，經常私下外出，有一段時間還每天外出，有時夜出晨歸，有時晨出夜歸，他的隨從都帶著武器，隨意傷害經過地方的行人和牲畜，百姓不堪其擾，乾脆日夜都關門閉户，街上行人斷絕，市面蕭條。他的馬廄養在床頭，幾十頭驢養在宮殿上，每次出門若碰上婚禮或喪禮場合，反而不再殺人，會跟拉車的年輕人聚在一起喝酒，這是他最快樂的時候。在市井之間如果有人未曾認出他皇帝的身分，指著他大聲喝罵，他倒會低頭乖乖接受，一聲不吭。

對於劉氏家族與朝廷臣子，劉昱存有無窮的懼怕、猜忌與憎恨，他殺起這些人來從未手軟。

孝武帝劉駿有二十八個兒子，被他們的叔叔明帝劉彧殺掉十六個，剩下的全部被這位堂兄弟劉昱殺光，劉駿至此絕後。文武百官被他親手殺掉的至少有五人，有用矛刺死的，有駕車輾死的。最荒唐的兩次，一次是察覺一位孫超先生口中有蒜味，竟將他開膛剖腹，要看看他是否吃了蒜；另一次是得知官員沈勃家中財寶很多，就率領禁衛軍去搶。當時後廢帝劉昱一馬當先，舞刀衝進沈家，和沈勃扭打一番，將他殺死分屍。若論這些被他殺死的官員，多半本身也常是行為不端、欺壓百姓、貪汙聚斂、結黨營私，有可殺之理；但勞動皇帝親自動手，在中國歷史上實屬罕見。

後廢帝劉昱的大殺宗室，或許也另有原因，這與他母親的遭遇有關。雖然依照劉宋官方紀錄，劉昱是明帝劉彧與貴妃陳妙登的長子；但陳妙登女士獨特的經歷使劉昱身世不明的傳言不斷。她出身屠夫之家，原來是孝武帝劉駿時皇太后路惠男宮中的侍女，被送給當時是親王的劉彧做妾，一年後劉彧不再寵愛，便把她轉送給心腹李道兒做妾，一段時間以後想起她，又從李道兒那裡要回來。母親如此，劉昱的身世因此一直被懷疑，民間傳說他是李家的兒子，劉昱外出時也自稱李將軍，有時還自稱姓李名統。南朝宮廷的混亂，由此可見一斑。

殺人者人恆殺之，後廢帝劉昱在位的第五年被殺，此事與南齊的開創者蕭道成有關。蕭道成本是劉宋武將，曾為劉昱削平幾次叛亂，功高震主，引來劉昱的猜忌之心。這個習慣自己動手的少年皇帝選了一天中午，領兵衝入蕭道成家。蕭道成是個大胖子，正在打赤膊午睡，劉昱一看，驚嘆蕭道成肥碩的肚子是絕好的箭靶，彎弓搭箭就要射過去，隨從勸說，蕭的肚子這樣大，一箭射死太可惜，以後想再射就沒有了，劉昱才去掉箭鏃，結果一箭射中肚臍，歡呼而去。

蕭道成的寵妾本來就被劉昱指名強奪，這次在死亡邊緣撿回一命，促使他心意確定，從此結納劉昱身邊的人，準備發動政變，刺殺劉昱。

後廢帝劉昱被刺於四七七年的七夕，死前一段時間是他狂亂的高潮。當時他一如往常只帶一些心腹出遊，先親自將一匹失蹄掉進池塘的馬殺死分屍，再演唱一陣羌人小調，還去山崗上比賽跳高，轉往青園尼寺一遊，然後偷走新安寺的狗，帶到出家人曇度道人（按，南北朝時佛教僧侶也稱為道人）處，把狗煮了下酒。當天晚上正好是七夕，劉昱酒足狗肉飽，醉臥之前，要親信楊玉夫等織女星出現時叫醒他，他還要觀測天象。這楊玉夫曾屢次被劉昱責罵，當天劉昱還說明天要殺他，拿肝臟出來看。由於有心人蕭道成早就間接與楊玉夫有所聯繫，楊有恃無恐，就趁劉昱熟睡之際，用刀刺死了他。

後廢帝並非沒有政治敏感度；但含著金湯匙出生的他，完全我行我素，毫無政治手腕與政治謀略，做事全憑一時衝動。他畢竟是個被寵壞的少年，只會用最直接的方式親自動手，殺掉任何他看不順眼的人，有時還天真地想多逗弄一下原來要殺的對象，最後當然也因此遭到反噬，被殺身亡。

後廢帝劉昱被殺後，國家大權進入蕭道成之手，劉宋也走上末路，兩年之後，蕭道成篡位建立南齊，劉宋滅亡。

南齊

南齊同樣盛產昏君、亂君與暴君，完全是劉宋的翻版，也有兩個狂亂的廢帝被殺，中間夾著一個猜忌嗜殺、病死的明帝。

廢帝（鬱林王）蕭昭業（四九三～四九四年在位，被殺，得年二十二歲）

南齊的第三任皇帝，高帝蕭道成之曾孫，武帝之孫，其父本為太子，早死，他才能以太孫的身分繼位。廢帝蕭昭業生性狡詐，是個典型的兩面人，陽奉陰違是他生活的常態。他相貌俊美、儀容端莊、工於隸書、口才甚佳，完全符合魏晉南北朝時期對男子的要求，也因此獲得父親與祖父的喜愛。四九三年時，先是他父親病重，他在人前悲痛欲絕，見者為之動容，都陪著哭；然而一旦回家，他立刻喜形於色，還特別請一個楊姓巫婆詛咒他的父親快死。不久太子果然死去，武帝對蕭昭業印象很好，就立他為皇太孫。武帝不久也生病，蕭昭業就把對父親的一套對祖父重演一遍，還寫給妻子何婧英一封信，中間是一個大「喜」字，周圍由三十六個小「喜」字環繞。這位何婧英女士在歷史上也大大有名，不遜於她丈夫，詳情將後述。

果然不久武帝病死，蕭昭業即位，立刻原形畢露。他在宮中經常裸體，有時穿著紅褲搭配各種彩色的內衣，可稱內衣外穿始祖。

居喪期間就奏樂玩樂，又與庶母霍氏通姦，將她改姓徐，派一個宮女剃髮出家，聲稱即是霍氏，拆毀宮殿當作馬廄，飼養獵鷹、獵犬與鬥雞，常微服出行，到父親墳墓的隧道中玩樂。南齊武帝節儉，在位期間累積銅錢八億個、珍寶資材無數，被廢帝狂花濫賞，一年就去掉一大半，甚至打開織品倉庫，任憑隨從搬取，還搬出珍品寶器互相撞擊，碎片滿地，就高興大笑。經常看到錢就說：「從前我想你卻一個都得不到，今天能用你了吧？」成為南朝昏君的千古名言。

廢帝蕭昭業在位時由其叔祖父蕭鸞執政，蕭鸞見蕭昭業狂亂，既怕禍及於己，也起了奪位之心，在四九四年發動政變，殺死廢帝，立其弟做傀儡皇帝，後代史家也稱為廢帝，四個月後蕭鸞強迫他讓位，取第二個堂姪而代之，是為明帝。

南齊廢帝蕭昭業即位時已成年，比起在位時的胡作非為，他取得帝位前的表演，顯然都是經過理性思考後才做的。這種視矯飾奸詐為當然的心態，比起那些未成年的昏君更加可怕。

明帝蕭鸞（四九四～四九八年在位，病死，享年四十七歲）

他是南齊開國皇帝高帝蕭道成的姪子，因不屬嫡系，又連殺兩個堂姪皇帝才能登基，缺乏安全感，導致猜忌多慮，嗜殺成性。他唯恐外面危險，很少出宮，國家祭典也不參加，又深信占卜術數，每次不得已出宮前都要先占卜，而且事先將計畫改動後宣布，例如要往南就先宣布將西行，要往東則宣布將向北等，即使身罹重病，也不公開。這樣一個時時生活在恐懼中的皇帝，當然帶來嚴重的殺戮。殺起蕭氏皇族來，明帝蕭鸞是絕不手軟，全面消滅，不留活口，他從奪位起，五年間殺光伯父高帝全部的十九子、堂兄武帝二十三子中之二十二子全家，並抄沒各人家產，可謂心狠手辣已極。

明帝蕭鸞多疑的性格，使他為政明察秋毫，所以在位時吏治清明。他生活簡樸，將御用交通工具上的金銀剔下來存庫，一顆粽子剖成四片分兩次吃，又曾拆除一所以前強徵民地蓋的宮殿，還地於民。以南北朝的標準來說，稱得上一位明主。

廢帝（東昏侯）蕭寶卷（四九八～五〇一年在位，被殺，得年十九歲）

南齊的第六代皇帝蕭寶卷，集昏、亂、暴於一身，南朝君主中無出其右者。他的暴行在即位後立刻開始，先後將父親明帝選定的六名顧命大臣全部殺死，導致人人自危，叛亂不斷。

蕭寶卷在位的前期，幾次叛亂都還能平定，叛亂者當然被殺，其中包括他的胞弟；然而蕭寶卷因此對平定叛亂最力的尚書令蕭懿猜疑起來，派人將他毒死，迫使蕭懿的弟弟蕭衍起兵討伐他。蕭衍的軍隊包圍建康後，窮途末路的蕭寶卷被內部的反抗者殺死，情況類似王莽末年。

就昏與亂而言，這位廢帝可稱集其大成，在中國歷史上名列前茅。他從小在寵愛驕縱中長大，當太子時就常常「捕鼠達旦」，就是晚上不睡覺，以捕捉老鼠為樂，直到天亮。當皇帝後更是晝伏夜出，常五更才睡，中午方起，曾讓元旦來賀歲的文武百官從巳時（上午九～十一時）苦等到申時（下午三～五時）。即位後恨不得將父親明帝的喪事立刻辦完，臣下據理力爭，才勉強拖過一個月；但每當孝子應該哀哭時，都說喉嚨痛哭不出來，有位大臣羊闡已經禿髮，到靈堂號哭拜祭時，一俯一仰之間頭巾跌落，露出光頭，廢帝連假哭都不裝了，當場大笑，還對身邊的太監說這是禿鷲啼叫。皇帝的輕忽怠惰使奏章經常一、兩個月得不到批示，甚至完全失蹤，政府資料檔案被宦官拿去包魚裹肉，行政幾乎停擺。

與劉宋的廢帝相同，蕭齊的這位廢帝也在宮裡待不住，多半時間都是出去玩耍。蕭寶卷出遊時，必定帶領數百名隨從，隨著一陣鼓聲從宮門一湧而出。他事先命令軍隊大規模清道，將人民完全驅趕開來，以供他任意馳騁，他又去向不定，以致清場區域大到數十里，而且經常改變，首都附近的農工商業都無法進行。蕭寶卷政府的清場行動是十分徹底而且殘酷的，軍隊推擠打罵，百姓被迫丟下一切離家，不能行動的病人無法抬走，官員就往河裡一丟了事。

在無數不幸中，最悲慘的兩個案例是：一位老和尚來不及走避，只好躲藏在草叢裡，被軍人發現抓出來，有個可能是佛教徒的隨從說：「對老年的修道人該多考慮一下。」蕭寶卷反問：「你看見麞、鹿也不射箭嗎？」皇帝此話一出，百箭齊發，被比做獵物的老和尚當場慘死。還有一位臨產的孕婦被單獨留在家中，蕭寶卷發現後問她：「為何單獨在這裡？」孕婦回答：「臨產無法離開。」昏君、亂君兼暴君蕭寶卷殘忍的好奇心發作，竟把孕婦的肚子剖開，要看胎兒是男是女。

由於所到之處變成空城，這個荒唐的統治集團就隨心所欲地出入民宅，以致人民留下的財物被掠奪一空，來不及入殮的遺體被老鼠啃食，成為普遍現象。

昏君、暴君的另一特色是奢侈浪費、大興土木，蕭寶卷在這方面也遙遙領先。他的馬具以錦繡織成，又怕雨溼，再用珍珠串覆蓋，為討寵妃潘氏歡心，準備各色華麗的衣服、飾物幾百種，宮內來不及製作就高價搜求，一隻琥珀釧用到一百七十萬銅錢。又大量興建宮殿，以麝香塗牆壁，珍珠做門簾，要求迅速完工，實在來不及就下令拆取佛寺的藻井、雕刻來充數。建花園時正逢盛夏，勉強移植的花草樹木很快枯死，來不及培育，就去民間搶奪，看到民家的大樹鮮花就撞壞門牆挖走。這樣造出來的花園，在這位廢帝的藝術品味之下，成為園中的假山奇石都塗上五彩繽紛的顏色，水池上的閣樓牆壁都畫滿春宮圖。蕭寶卷高興起來，就把花園當作市場，搭建店鋪，要宮女、宦官裝成買賣的樣子，他寵愛的潘妃就是這個虛擬實境市場的管理主任，他則自任助理。

這樣的皇帝卻對潘妃又愛又怕，愛起來可以用黃金鑿成許多蓮花，貼在宮裡的地面，讓潘妃走在上面，說這是「步步生蓮花」，「金蓮」一詞由此而來；怕起來可以讓潘妃認為他有過錯時，用棍子打他，還悄悄把宮內用的棍子改小、改輕，以免他的愛妃下手不知輕重。至於蕭寶卷怕妾的原因，可能與他偷偷和潘妃的姊妹上床有關。當然潘妃和她的家族也並非善類，其情況將另述。

南齊到了蕭寶卷手上徹底崩解，他被殺的同年，蕭衍就把最後一個傀儡南齊皇帝廢掉，稱帝建立梁朝。

南梁

南梁皇室的家庭教育較好，皇室子弟也都能讀書求學，故終其一朝至少沒有出現過亂君；但最愛讀書、藏書的元帝蕭繹仍可稱為暴君，只是讀書人成為暴君，表現方式也獨樹一幟，施暴的對象不但有人，還有書，可說是個奇特的暴君。

元帝蕭繹（五五二～五五四年在位，投降西魏後五五五年被殺，得年四十八歲）

南梁元帝蕭繹是梁武帝蕭衍的第七個兒子，少年時天資聰穎，努力求學；但一隻眼睛失明，影響到他的心理，曾逼他屢次出軌的元配徐妃跳井自殺，詳情將後述。他本來不可能繼承帝位，只因侯景之亂時正坐鎮荊州，沒有被亂事波及，實力完整，才能派兵攻滅侯景稱帝。

當時南方大亂，自行稱帝者好幾處，蕭繹東征西討，殺掉不少南梁皇族，也因此一直唯恐別人來圖謀他，使他本來就有的查察為明心理變本加厲，成為集苛刻、矯飾、忌妒、猜忌與殘殺於一身的皇帝，他不知自我反省，對人一味猜疑，窮途末路時竟然還不許他喜歡的書繼續存在。

做為文人，蕭繹見不得別人勝過自己，是典型的文人相輕；然而他是皇帝，文人相輕之下，他的權勢讓他選擇將比他文章佳、學問好的文人毒死，還不止一次。蕭繹讀書成習慣，但只剩一隻眼睛，視力不佳，他就叫人唸給他聽，晚上睡覺時也不停，要五個隨從祕書接力，各唸一個更次，相當於兩小時。夜深人靜，祕書們有的邊唸邊打瞌睡，唸起來顛三倒四，有的偷偷省略幾段，他居然都聽得出來，立刻起身責打後勒令重讀。

蕭繹是讀書人皇帝，性喜文學，搜求書籍不遺餘力，他四十六歲時，居然蒐集到書籍十四萬卷，藏在他的首都江陵（今湖北江陵）城宮殿內的閣樓中。五五四年西魏大軍南下，包圍江陵，城陷之前，蕭繹知道大勢已去，竟怪罪起這些書來，說：「讀書萬卷，猶有今日。」下令在藏書閣放火，於是這批南朝最重要的文物，也是中國中古文化的精華全部付諸一炬。

這場文化的浩劫，經歷兩百年還無法全面恢復。那種鮮明的場景，使一千多年後的我們讀這段歷史時，仍能感受到當晚蕭繹在宮內高處放眼望去的心情：圍城周邊是西魏軍加緊攻城的戰鬥喧囂，圍城核心是書籍焚燒發出的熊熊火光，一種讀書無用的感覺油然而生，成為「亂世文章不值錢」的最佳注解。「文武之道，今夜盡矣！」（周文王、周武王的道統，今天晚上完了！）這是儒家知識分子蕭繹最後的感嘆，竟也充滿著魏晉南北朝的風格，哀傷、無奈，還帶著幾分自暴自棄。

書燒光之後，蕭繹出城投降，先被西魏監禁，不久在西魏默許下，被他的堂姪蕭詧用土袋悶死，南梁至此名存實亡，三年後被陳霸先篡位。

南陳

後主陳叔寶（五八二～五八九年在位，被隋軍俘虜，病死，享年五十二歲）

他是中國歷史上著名的兩位後主之一，另一位是五代南唐的後主李煜，兩個人都是亡國之君，也都有文才；但比起李後主，陳後主昏亂得多，屬於昏君兼亂君。

陳後主即位時，其父陳宣帝北伐已經失敗，南北雙方成為畫江為界，北方北齊被北周滅亡，統一為一國，北周又被隋所篡，隋朝的開國皇帝楊堅勵精圖治，軍隊兵強馬壯，南陳則地小國弱，處於絕對不利的地位。後主陳叔寶卻對此完全不以為意，每天以享樂為事，使他在位期間的南陳宮廷，變成一個充滿世紀末氣氛的狂歡世界。他在宮內建立「臨春」、「結綺」、「望仙」三座高閣，上以空橋連接，窗户欄杆都用沉檀香木製作，以金玉裝飾，微風吹來，香聞數里。陳後主自居中間的臨春閣，寵妃張麗華住結綺閣，龔、孔二貴嬪同住望仙閣，豔妝打扮的妃嬪們憑欄臨窗，使白居易〈長恨歌〉中「風吹仙袂飄飄舉」的景象提早兩百年出現。陳後主經常在後宮舉辦宴會，文學侍從之臣十人也應邀參加，稱為「狎客」，與嬪妃夾坐，彷彿西式餐會，狎客宴中眾人一面欣賞歌舞，一面飲酒賦詩，通宵達旦，狎客們莫不挖空心思，以柔靡綺麗的詩句歌頌眾嬪妃的美麗，無休無止。

皇帝這種生活造成極大的開支，入不敷出之下，只得巧立各種名目，開徵諸多雜稅，結果漏稅者眾，刑罰氾濫，牢獄常常人滿為患。陳後主朝廷的政治運作，更到達十分荒謬的地步，他常把貴妃張麗華放在膝上，聽張麗華的意見裁決公事，許多臣下因此投靠張貴妃、孔貴嬪，結黨營私，政治風氣為之徹底敗壞。對於北方隋朝與日俱增的威脅，陳後主根本懶得理會，想起時也只用長江天險來自我麻醉。後來隋軍滅陳，在南陳宮廷內搜索，居然發現兩個月前他們開始攻打南陳時，南陳邊區告急的警報還胡亂放著，連封皮都沒有拆。

陳後主的荒唐歲月顯然不能持久。果然五八八年起，隋朝出動幾路大軍攻來，勢如破竹，到五八九年一月，隋軍攻破建康城，進入宮中，陳後主身邊僅剩的大臣勸他穿好皇帝的禮服，在大殿坐下，等待隋軍，做一個有尊嚴的亡國之君，陳後主卻說：「對方的鋒刃不可抵擋，我自有計策。」結果他的計策是與張貴妃、孔貴嬪躲進景陽宮的井裡，隋軍找到井邊，呼叫不應，放話要落井下石，陳後主才大聲呼喊，隋軍放下吊籃拉他上來，吊籃沉重，使他們非常驚訝，以為這位南朝末代皇帝是個大胖子，拉出井才發現是三個人。當捷報抵達長安時，連征服者隋文帝得知此事都大吃一驚。

這段歷史太過離奇，以致建康景陽宮的這口井，後來被稱為「胭脂井」，而歷代詩人也喜歡以此做為寫詩的題材，例如：

唐　鄭畋，〈馬嵬坡〉

玄宗回馬楊妃死，
雲雨難忘日月新；
終是聖明天子事，

景陽宮井又何人？

陳後主的思考方式與所作所為當然昏亂，卻也事出有因，可能與他曾遇刺幾乎死去有關。原來陳宣帝死後，太子陳叔寶在靈前哭祭，他的弟弟陳叔陵卻趁機衝上前去，拔刀砍向陳叔寶頸部，陳叔寶受傷，但尚未致命，在左右護衛下逃走。後來陳叔陵被殺，陳叔寶才能安穩做皇帝。這個在變生肘腋中驚險撿回一命的皇帝，大有可能從此認為人生苦短，皇帝又風險極大，才變成自我放棄，得過且過，追求盡情享受皇帝生涯，帶動起南朝這一場末日前夕的狂歡。

昏君、亂君、暴君輩出的歷史背景與家庭原因

南朝昏君、亂君、暴君與昏亂暴兼具之君出現如此頻仍，必有原因。個別的原因已經在探訪每個人時分別敘述；但仍然需要研究整體的原因，也就是南朝本身與當時皇家的大環境，才能將環境的因素找出，得以充分解釋這種現象。

就南北朝的社會與文化環境言，東漢末年天下開始大亂，接下來的整個魏晉南北朝

時代都屬於亂世。在此期間內，政治局勢變幻無常，戰爭與動亂持續，加上佛教傳入與流行，漢朝數百年來賴以維繫政權合理、社會有序與文化平穩的儒家思想沒落，導致政治、社會與文化環境的約束力都明顯降低。這個時代的人更因為身處朝不保夕的環境，容易產生得過且過、享樂為先的世紀末情緒。皇帝與皇族因擁有政治力量與經濟資源，更容易把這種情緒發展到極端，永遠自以為是，行為當然失控，而且會到達離譜的地步。從南北朝的大環境看，這是顯而易見的理由。

然而即使社會大環境如此，如果南朝皇室家族本身具有某些自我控制的機制與能力，則可能偶而出現一些昏君、暴君，還不至於使昏君、亂君、暴君與既昏且亂且暴之君充滿這段歷史，成為常態。何況當時皇室之中雖然我行我素之輩是主流，卻也並非沒有守禮崇法、行為符合社會規範的成員，所以對南朝歷代的皇室家族必須另加分析，才能找出各個皇室家族小環境的影響。

這項分析應從南朝歷代的開國之君開始，因為國家的規模由他們創立，皇室家族的養成與教育方式也是由他們決定。

南朝各代開國之君的資料如下一頁圖表：

開國之君	出身	建國年齡	死亡年齡	在位年數
宋武帝 劉裕	平民或庶族 僑姓武將	58	60	2
齊高帝 蕭道成	僑姓世族後代 邊區地方長官	53	56	3
梁武帝 蕭衍	蕭齊皇室 早年即出仕	38	86	48
陳武帝 陳霸先	平民 吳姓武將	55	57	2

（按，僑姓：西晉滅亡之際從北方遷移到南方的人，因屬僑居人口，故名。
吳姓：西晉滅亡之際原住南方的人，因原為三國時東吳臣民，故名。）

從此表可以看出宋、齊、陳三朝的開國之君，雷同性極高。他們都是以武將或邊郡太守起家，原來的職務就是爭戰或守邊，熟悉軍事，又在前朝後期的混亂中打滾過，能深切體會政治鬥爭的三昧。這些條件使他們在混亂中逐漸累積實力，壯大自己，又經過多年的征戰與謀畫，才能大權在握，篡位成功；但也因此必須全神貫注，出生入死，身心壓力極大，其勞累倍於常人還不止。

這三位開國之君中，劉裕與陳霸先都是平民或低層世族出身，既無家族傳承來的地位，亦無家學，從小必須以習武從軍為奮鬥創業之路。蕭道成雖然出身僑姓世族的蘭陵蕭氏，但他的父親就孔武有力，一直擔任邊區地方長官，不斷與北朝及原住民作戰，蕭道成十幾歲就追隨父親作戰，也以武功起家。

這三位開國之君從青少年起，一直忙於爭戰、奪權與篡位，要長期面對艱苦的拚搏與變幻不定的環境，始終難以顧及家中子弟的教育。等到他們即位為帝，建立新朝時，年紀都已不小，做為開國之君，面對著內部百廢待舉，叛亂隨時爆發，外部北朝虎視眈眈的局面，還必須努力從公。可以想見登基以後，其健康必因長年征戰與操勞而迅速惡化，故這三位創業君主在位時間都很短。

古人結婚甚早，南朝宋、齊、陳三代開國之君即位時，不但他們的子輩已經成年，孫輩都可能已經成年，例如蕭道成於四七九年篡宋稱帝，當時他的兒子四十歲，孫子二十二歲，曾孫七歲，兒、孫的人格早已定型，連曾孫的都在不斷成形中。此時開國之君即使有心加強教育，也為時已晚，縱然他們希望以自己為榜樣，變化後代的氣質，又因在位時間不夠長，難免落空。這樣的皇室家庭實在難以培養出像樣的皇族後輩，所以南朝的這三朝，即使第二代的君主尚能勉強守成，第三代以後，家族的腐敗立即加速進行，可說無法避免。

南朝昏君、亂君與暴君輩出，不斷胡作妄為，充塞歷史，實有皇室家庭的原因，主要在於他們的家教太差。所謂家教不止於智育、體育與美育，做為絕對威權政府的儲備繼承人，德育與群育更為重要，而這二者恰巧是南朝皇室家族最欠缺的。南朝的昏君、亂君、暴君中不乏喜好讀書、文筆佳美、體能過人、手藝巧妙者已如前述；但這些能力發揮起來，只是使他們更昏、更亂、更暴。

至於蕭梁一朝，皇室出身蘭陵蕭氏，其開國之君梁武帝自幼受過良好的儒家教育，私德頗佳，加以得到皇位時三十八歲，屬於中年，後又篤信佛教，在位時間尤其長久，故梁朝皇室家教，在南朝中名列第一。梁武帝長久在位，榜樣長久存在，也使其後的梁朝君主家教較為優良，而且多成年即位，性格已告穩定，才不致出現類似其他三朝的青少年昏暴之君。

蕭梁的君主若有問題，不是因為家教太差、不學無術，而是有其他因素。例如梁元帝性格忌刻，行事極端，是因為從小失去一隻眼睛的視力而影響到其心理；但他好讀書，學識、文才甚佳，與宋、齊的青少年君主昏暴得不知所云不同。

南北朝宮庭與社會風氣的改善，從北周始見端倪，但仍不時有昏君、暴君出現，如北周宣帝、隋煬帝等。直至唐朝，傳統儒家的禮法仍然尚未完全恢復，社會的約束力仍頗為寬鬆，才會出現武則天可以稱帝的情況。

昏君、亂君、暴君輩出的社會原因

南北朝是中國歷史上的特殊時代，有其特殊的社會結構與運作方式，所以南朝昏君、亂君與暴君輩出，還有一個消極性的社會原因。

在民主政治沒有到來之前，政治領袖不必擔心定期改選，卻仍然得接受臣子的勸諫與社會的風評。古代書寫工具、交通、通訊都不發達，總人口識字率低，對君主的勸諫與風評，主要來自知識分子階層，這是中國知識分子自我認定的使命；然而南朝卻顯得例外。

自東晉以來，知識分子最重要的來源是世家大族。然而魏晉以降，世家大族以九品中正制為靠山，世代高官，東晉時更在南方「封山占澤」，將原屬公有的山地與湖泊強占為私有，營造大面積的私家莊園，已經在南方建立不可動搖的地位。這樣一百年以後，到南朝時，世家大族早已高高在上，其政治、經濟、社會與文化地位成為無人能夠動搖。南朝開始於劉裕登極，劉裕篡晉時，世家大族普遍漠不關心，這正表示當時他們的地位已告穩固，只要劉裕承認這種地位，則東晉的死活與他們何干？從此開始的南朝，世家大族僅僅對維繫本身世襲的優越地位在意，對於朝代更替，由誰出任皇帝，皇帝的表現如何等，其實並不關心；對於皇室家族也不甚看得起，甚至抱有不屑與之為伍的心態。

整個南朝都是世族稱霸社會、主導一切的時代，也就是因為世族的地位牢不可破，他們在朝廷沒有必要對昏君、亂君、暴君提出諫諍，在地方也沒有必要發表風評，在此種狀況下，南朝皇室成員遂成為不受政治諫諍與社會風評牽制的一群人。一旦缺少家教，失去自我約束的力量，南朝君主就必然成為不受任何社會與文化規範制約的狂徒，那些少年即位的皇帝，當然成為大權在握的頑童與狂童，也就身兼昏君、亂君與暴君了。

南朝皇室女性

南朝皇家中的女性，尤其可以反映這種社會與政治情況。大抵南朝的皇后出身世家大族者，即使在如此放蕩狂亂的宮廷中，仍多能謹守禮法，成為中國傳統的標準皇后，不愧大家閨秀之名。至於那些出身小户人家的宮廷嬪妃，還有皇家公主，就往往跟皇室的男性成員如出一轍。當然，她們變成如此的原因，也跟她們的父親、兄弟與丈夫相同。

南朝出身世族的大家閨秀皇后的表現，可以用以下兩位為代表說明。

劉宋明帝王貞風皇后

王皇后名貞風，宋明帝劉彧髮妻，出身瑯琊臨沂王氏，那是僑姓名列第一的世家大族，四大僑姓世族王、謝、袁、蕭之首。明帝即位，立為皇后。明帝劉彧一次在宮內大宴女眷，下令所有的女性來賓裸體供他參觀，認為如此可以製造歡笑氣氛。就在眾女賓紛紛脫衣解帶之際，王皇后用扇子遮住臉，沉默不語。

劉彧發怒說：「妳娘家寒酸，今天大家一起玩樂，為什麼只有妳不看？」王皇后說：「娛樂的方法很多，哪裡有將姑姊妹集聚起來，要婦女們裸露形體，以此為快樂？我娘家的娛樂和這個不同。」劉彧聞言大怒，下令皇后起身離開。

王皇后的哥哥揚州刺史王景文聽聞此事，對堂舅陳郡謝緯說：「皇后在家是個孱弱的女子，我還不知道現在竟能這樣剛強守正。」

劉彧說岳家寒酸，王貞風聽了想必極不是滋味。劉宋時人人皆知瑯琊臨沂王氏是近兩百年的世家大族，劉宋皇室則可稱暴發户，換一個人，可能就一句話頂回去；但王貞風忍下來，充分表現她的家教、品德與智慧。皇帝劉彧雖然大怒，也不敢對皇后王貞風當場翻臉，尤其足以顯示王皇后的有恃無恐與自知之明。

明帝死後，陳妙登生的後廢帝即位，尊王貞風為皇太后。後廢帝昏暴狂亂，王太后常加勸戒，開始時還會聽一下，以後就沒有用了。王太后曾賜給後廢帝玉柄的羽毛扇，後廢帝嫌不夠漂亮，就想把太后毒死，下令太醫煎煮毒藥。左右隨從說：「如果做這件事，皇上就成了孝子，怎能隨意出入玩耍搞鬼？」後廢帝說：「你的話大有道理。」王太后才逃過一劫。

這位瑯琊王氏的世家小姐嫁入劉宋皇室，以南北朝的標準看是委屈了她；然而她的家教使她守正不阿，出南朝宮廷的汙泥而不染，不愧「貞風」這個名字，冥冥之中也得到保佑，碰上這位不知姓名卻了解狀況又口才便給的隨從貴人，終於能夠在險惡汙濁的劉宋宮廷中全身而退。

南陳後主沈婺華皇后

沈皇后名婺華，南陳後主陳叔寶髮妻，出身吳興武康沈氏，是吳姓世族的著名家族。

自小孝順，嫁給當皇太子的陳叔寶，陳後主即位，立為皇后。

沈皇后性格端莊沉靜，有見識與度量，生活恬淡，聰慧好學，涉獵經史，書法文章都好。這樣的妻子顯然不討陳後主歡心，陳後主對她很差。貴妃張麗華得寵後，變成後宮的實際領袖，沈皇后恬淡相處，從未忌妒或抱怨，只以閱讀史籍與佛經度日。後主對她越來越看不順眼，計畫廢掉她，立張麗華為皇后，還沒辦成南陳就滅亡了，她也被俘，跟隨後主到長安。後主病死時，沈皇后自己寫哀悼文，甚為悲切。

後來隋文帝死，自我感覺良好的隋煬帝繼位，每次出巡，都命令這位老太太隨駕。直到煬帝被殺於揚州，沈皇后才終於回到江南故鄉。真正看破紅塵的她出家為尼，法名觀音，唐太宗貞觀初年才過世。

這位吳興沈氏的世家小姐嫁入南陳皇室，以南北朝的標準看，還是有點委屈了她；然而她的家教使她恬淡清虛，始終嚴守皇后與妻子的分寸，出南陳宮廷的汙泥而不染，冥冥之中似乎也得到保佑，終能在經歷這樣多的繁華興亡後，離開這滾滾紅塵，找到終極的歸宿。在中國歷代皇后中，沈婺華的遭遇充滿無奈與離奇；但她始終有所持守，以不變應萬變，也充分表現一位吳姓世族閨秀的修養與智慧。

南朝昏亂的皇族女性

在南朝宮廷中，任意妄為、不知好歹、奢侈浮華、放蕩淫亂的女性遠較潔身自好的女性為多，她們包括皇族的女性後代，即公主（皇帝的女兒）、長公主（皇帝的姊妹）與皇帝的妻妾，即皇后、嬪妃。其中最著名的一些案例如下：

劉宋山陰公主劉楚玉

劉宋的山陰公主劉楚玉是孝武帝劉駿的女兒，從小常和弟弟前廢帝劉子業玩在一起。劉子業即位後，一次公主姊姊對皇帝弟弟說：「我和陛下雖然男女有別，但身體都來自先帝，陛下後宮幾百人，我只有一個駙馬，事情不公平，竟然可以到這樣！」前廢帝一聽，認為姊姊的話甚有道理，就為她設置面首（男寵）三十人，還升她為會稽長公主，對她賞賜有加。這位長公主後來又看上一位風儀俊朗的大臣褚淵，跟弟弟一說，前廢帝就下令褚淵去陪侍姊姊十天。褚淵是有婦之夫，妻子還是宋文帝的女兒、孝武帝的妹妹南郡公主，排輩分是會稽長公主劉楚玉的姑母，結果這場公主姪女搶公主姑媽丈夫的荒唐劇，因為褚淵先生在會稽長公主府裡始終堅決拒絕公主的色誘威逼，終究沒有上演完成。

劉宋新蔡公主劉英媚

劉宋的新蔡公主劉英媚是文帝劉義隆的女兒，嫁給何邁。她有一次進宮，竟與姪子前廢帝劉子業通姦，姑姪二人難分難捨，劉子業殺掉一個宮女，送去駙馬何邁家中，聲稱劉英媚在宮中暴死，還要何邁辦喪事，又將姑媽改姓謝，封為貴嬪。何邁知道死者不是自己的妻子，但仍然盛大舉辦喪禮，等於用曲折的方式公開內情。廢帝對何邁因此時常疑神疑鬼，何邁面對如此無道的皇帝，也開始集結同志，打算將劉子業廢掉。事跡敗露，何邁遭下獄誅殺，前廢帝見阻礙已除，想要立姑姑為皇后，劉英媚總算還有一些見識與羞恥心，固辭不肯。然而當時前廢帝的皇后已死，這位皇帝的姑母「謝貴嬪」就成為後宮的實際主人。

南齊廢帝（鬱林王）皇后何婧英

何婧英是上述何邁的姊姊，南齊廢帝蕭昭業的髮妻，在蕭昭業是南郡王時嫁給他。

這位何婧英女士被《南齊書》直接記為「稟性淫亂」，當南郡王妃時就常找美貌的侍從交歡，其中有一位馬澄最受喜愛，常與王妃何婧英扳手腕比力氣，南郡王蕭昭業還在旁邊笑語觀看。

何婧英當上皇后以後，更變本加厲，夜間在宮廷後堂找來一批美貌男子「淫宴」，皇宮門户徹夜大開，是中國歷史上的奇觀。廢帝蕭昭業對此不加聞問，成為皇帝、皇后各玩各的狀態。

何婧英皇后不只私德有虧，她也貪財，缺錢花用時就祕密派人向富商要錢。中國古代商人地位低落，碰上皇后伸手要錢，當然只得乖乖照付。這位皇后勒索來的錢，或許是用來在大批親戚面前擺闊，因為歷史記載何婧英一人得道，她的家族就雞犬升天，都被廢帝接來宮中長期參訪，住在宮裡，人數太多，廢帝還下令特別騰出一處宮殿供他們居住。

廢帝蕭昭業和何皇后的感情其實很好，他稱何婧英為「阿奴」，對皇后有情人並不在乎，這可以從以下的事例看出。何婧英當皇后時寵愛一個姓楊的女巫之子，又介紹給丈夫蕭昭業作男寵，居然在朝廷做官。當時執政的蕭鸞與幾位大臣看不下去，面見廢帝要求下令殺掉楊某，何皇后剛好在座，聞言痛哭失聲，淚流滿面，發言要保護她的「楊郎」，逼得眾位大臣只好請廢帝下令皇后離席，才把皇后與楊某的姦情抖出，廢帝不得已簽署殺楊某的命令；但等這批人走掉以後就下令赦免，只是為時已晚，何皇后的情人楊郎已被等不及的大臣們逮捕殺掉。

南齊廢帝（東昏侯）蕭寶卷潘妃

這位以「步步生蓮花」著名的南朝妃子姓潘，不知名字，極得廢帝蕭寶卷寵愛，任性而為，無視禮法，與中國宮廷的傳統格格不入。公公明帝蕭鸞死去，做皇家媳婦的她一天素也沒吃，喪服一天也沒穿；自己生的女兒夭折，卻身穿斬衰（按，粗麻喪服，不縫邊，依儒家禮法子及未嫁女為父母之喪、媳為公婆之喪、妻妾為夫喪所穿），茹素，十天不聽音樂。這種行為的對比應該是潘女士真性情流露的表現，然而如此直接，絲毫不留餘地，正可以代表南北朝時傳統儒家倫理道德的鬆動。

潘妃放任自我，恣意行事，加上廢帝蕭寶卷的寵愛，使她頗有威名，遠近的人都有些怕她。她父親靠著女兒的威勢，到處作威作福，常誣陷富人入罪，或者說別人的家財是自己寄存的，巧取豪奪，搶走別人的田宅資產，又怕有後患，搶奪之餘，還會殺盡被搶者家中的男人，無疑是歷史上外戚中的惡棍。

對於南齊末年的廢帝蕭寶卷與潘妃，特別喜歡以南朝為題材的唐代大詩人李商隱也有一首詩吟詠：

唐　李商隱，〈齊宮詞〉

永壽兵來夜不扃，金蓮無復印中庭；

梁臺歌管三更罷，猶自風搖九子鈴。

（按，詩裡「永壽」指永壽宮，是廢帝為潘妃興建的三座宮殿之一，詩人在許多宮殿中特別挑選此宮，暗藏反諷；「夜不扃」，夜間不關門，指蕭衍發動政變當晚，南齊宮中有人開門內應；「梁臺」指政變後不久，南齊滅亡，宮殿屬於南梁，「三更」指政變發生在夜間，當時廢帝蕭寶卷的夜宴才結束，剛剛睡下；「九子鈴」則指潘妃所居宮殿四角的風鈴，本來屬於一所寺廟，被蕭寶卷派人搶來裝上，隱喻蕭寶卷的暴政與潘妃的奢侈。）

南梁元帝蕭繹的元配妃徐昭佩

這位著名的女士姓徐名昭佩，南梁元帝蕭繹當湘東王時與她結婚，徐昭佩因此稱為湘東王妃。

徐昭佩容貌既不行，氣質也差，又嗜酒成性，經常喝醉，自詡為讀書人的蕭繹對她甚不滿意，不依禮數對待她，兩、三年才到她的房間一次。徐昭佩也自有對付丈夫的辦法，每次知道丈夫將到，必然只在半邊臉上化好妝等著，意思是「你這獨眼龍只配看老娘半邊臉」；如果喝醉酒，就吐在丈夫衣服裡，蕭繹每次見到都大怒，轉頭就走。這種夫妻關係造成徐昭佩一種特殊的個性，成為怪異而可怕的王府女主人。她見到不受寵的妾，便笑語相迎，拉著一起喝酒，發覺有妾懷孕，就親自動手殺掉。

身為南北朝的女性貴族，得不到丈夫疼愛的徐昭佩自然而然地向外發展。她先和瑤光寺的出家人智遠私通，蕭繹的侍從暨季江（按，人名，姓「暨」）容貌俊美，又變成她的情人。暨季江常常嘆著氣說：「柏直狗雖老猶能獵，蕭溧陽馬雖老猶駿，徐娘雖老猶尚多情。」此處暨季江是實話實說，只嘆息徐昭佩年紀一大把還很多情，並沒有稱讚她美麗有風韻，後來這句話演變成「徐娘半老，風韻猶存」，已經失去原意；不過美男子暨先生拿徐昭佩和狗、馬相比，恐怕雖然和她上床，還是很輕視她，從這種角度看，她其實是可憐人。

徐昭佩另有一個情人賀徽，也是美男子，兩人挑選普賢尼寺幽會，還在枕頭上寫詩唱和。照理說這些美男子應該不缺女人喜愛，為何他們還願意做徐昭佩的入幕之賓？答案可能是徐昭佩在當時是名女人，雖然貌不驚人，卻自有其特殊的吸引力。

徐昭佩的種種行為終於讓猜忌苛刻的蕭繹爆發。導火線是蕭繹的寵妾王氏忽然死亡，蕭繹歸咎徐昭佩；後來徐昭佩生的兒子死去，蕭繹再無牽掛，就逼令徐昭佩自殺，徐昭佩跳井而死。蕭繹餘怒未消，將屍體送還徐家，聲稱是休妻，還製作一篇〈金樓子〉敘述徐昭佩的淫行。這位徐妃生前隨性而動，快意恩仇，死得也轟轟烈烈，與她那深沉猜疑的獨眼龍丈夫形成強烈的對比，在南朝宮廷中放出詭異的光芒，當然成為大詩人李商隱的題材：

唐　李商隱，〈南朝〉

地險悠悠天險長，金陵王氣應瑤光；
休誇此地分天下，只得徐妃半面妝。

（按，「瑤光」指北斗七星中最後一顆星，古人認為此星代表江南地區。此詩以徐妃的半面妝代指南朝本身，也有天險不足恃，南朝不過如此的諷刺之意。）

南陳後主陳叔寶貴妃張麗華

陳後主的張貴妃名麗華，出身世兵（按，世襲的基層軍人）之家，社會地位本來甚低。她十歲被選入宮，當太子陳叔寶之妾龔氏的侍女，幾年後被陳叔寶看上，成為陳叔寶的小妾，生下一個男孩陳深。後主即位，封為貴妃，她的兒子也當上太子，從此進入她的全盛時期。

張麗華容貌美豔，頭髮長達七尺，色黑如漆，光滑如鏡；神采飛揚，妙目直視或秋波一轉，都讓人覺得光彩奪目，照映左右，勾魂攝魄。每當她在居住的高閣上打扮妥當，憑檻當窗一站，從宮中遙望，衣帶飄搖，彷彿神仙。張麗華的頭腦也十分精明，口才伶俐，記憶力強，善於察言觀色，她並不要求擅寵專房，反而會向陳叔寶推薦後宮其他美女，所以在後宮裡聲譽極佳，人人稱善。這位美女貴妃還有真正的「鬼才」，她通曉巫術，在宮裡設立神壇，找來一批女巫唱唱跳跳，用「通靈術」徹底控制丈夫陳後主。

陳後主以勤於享樂、怠於政事著稱，不得已要批閱奏章時，就靠著隱囊（按，軟質的靠墊），把張麗華放在腿上共同決定，張麗華的聰明使她藉此很快弄明白朝廷的狀況，強大的記憶力又使她可以隨時提供資訊，陳叔寶對她言聽計從，所以張麗華是真正干政的後宮寵妃。大權在握後，張麗華透過這種身分包攬後宮與朝廷的事務。違法亂紀、欺壓人民的外戚只要找她在皇帝面前關說一下，就會大事化小，小事化無；大臣若不順從她的意思，就會被她的枕邊閒話傷害，於是供她使喚的宦官當道，大臣望風披靡，內外交結，互相援引，賄賂公行，賞罰無常。南陳在陳叔寶的享樂與張麗華的亂政下幾年間就政治敗壞，經濟凋敝，民心喪失，已難逃滅亡命運。五八九年隋軍攻入南朝皇宮，張貴妃跟著陳後主躲進井裡，被隋軍拉出，隋的遠征軍司令晉王楊廣（以後的隋煬帝）下令將張麗華斬首，這位南陳的貴妃，也是南朝後宮的壓陣美女就此香消玉殞；但可稱罪有應得，難怪唐朝詩人鄭畋會寫出「景陽宮井又何人？」的名句，以她與陳叔寶做為歷史反面教材。

南朝宮廷女性的種種事蹟在中國歷史上非常出名，許多人津津樂道，迄今網路上還有不少羶色腥筆法的敘述，閱讀之餘，謹提供《論語．子張篇》第十九章的話，做為參考：

曾子曰：「上失其道，民散久矣。如得其情，則哀矜而勿喜。」

（曾參老師說：「在上位的人喪失正道，民心散亂很久了。審判案件時，如果查明實情，就該悲傷、憐憫，不要高興。」）

畢竟，她們是生活在那個時代，又身處宮廷環境的一群凡人。

南朝宮廷的探訪至此告一段落。南朝這個部分高潮迭起，絕無冷場，人類本性中醜陋的一面在此畢現。對後代讀歷史的人來說，讀起來讓人驚奇連連，卻會感覺並不舒服。其實這是研究魏晉南北朝歷史必然會遇到的狀況，宮廷之外，還有不少。下一章就讓我們離開宮廷，進入南朝世族的家中，一探那個充滿著地位、傳統、財富、家學、高傲、任性、審美與頹廢的世界。

資料出處

《宋書》少帝本紀、孝武帝本紀、前廢帝本紀、明帝本紀、後廢帝本紀、后妃列傳
《南齊書》鬱林王本紀、明帝本紀、東昏侯本紀、皇后列傳
《梁書》元帝本紀
《陳書》後主本紀、皇后列傳
《南史》各本紀、后妃列傳
《魏書》島夷列傳（劉裕、蕭道成、蕭衍）
《李義山詩集》

第三章

高高在上的世族

長檐車，高齒屐，薰衣剃面，坐致公卿

閥閱高門不識愁　官人九品幾曾收
封山占澤安瓊墅　剃面薰衣做貴遊
遠客焚床彈嫁娶　登山換齒傲公侯
清流盡日談玄鬼　誰料翻天侯景矛

江南春

唐　杜牧

千里鶯啼綠映紅，
水村山郭酒旗風；
南朝四百八十寺，
多少樓臺烟雨中。

當南朝的宮廷裡忙著享樂與殺戮時，社會上卻有一批袖手旁觀，或者甚至懶得理會的上層人士。對他們來說，琴棋書畫、老莊佛法、山水風光才是生活的重心，宮廷只是一群暴發户的戲臺而已，誰興誰亡，與他們並無關係，因為那群暴發户雖然手握槍桿，卻不敢對他們怎樣。這批人叫做「世族」，或稱「士族」。這一段旅程，且讓我們探訪只有在如此獨特的南朝，才會有的這群如此獨特的人。

南朝世族階級的形成：閥閱、郡望與譜牒

中國古代仕宦顯貴人家的大門外矗立著兩根柱子，左邊的稱為「閥」，右邊的稱為「閱」，家户的主人用它們來彰顯本户的成就與地位。閥閱是達官貴人之家的標誌，因此中國古代世代為官的人家又常被稱為閥閱、門閥、門閥士族、閥閱世家等。門閥在魏晉南北朝時代備受重視，並以此來區分各色人等，產生森嚴的社會階級，使當時成為中國歷史上極為獨特的時代。

自東漢起，世家大族逐漸形成。曹魏開始採取九品中正制（或稱九品官人法），世家大族的做官之路得以確保。兩晉以來，世家大族為與同姓的一般人有所區分，會強調自己

的家族屬於哪個郡、哪個縣，稱為「郡望」。例如王姓首屈一指的世家大族聚居於瑯琊郡（轄今山東東部、南部，郡治在瑯琊，今青島）臨沂縣（今山東臨沂），就稱為「瑯琊臨沂王氏」，簡稱「瑯琊王氏」；南方吳姓四大家族朱、張、顧、陸都聚居於吳郡（轄今江蘇東南部、浙江東北部、上海市，郡治在吳，今江蘇吳縣），就稱為「吳郡朱氏」等。在諸多世家大族紛紛標榜郡望之下，社會上郡望充斥，於是再逐漸劃分階級，形成以郡望區別門閥高下的「門品」，例如北方的清河崔氏就看不起博陵崔氏，自認門第比他們高等。這種狀況在南朝更全面固定化，造成強烈階級區分的社會。

世族的地位來自血緣，故極為重視家族的「譜牒」（家譜），以確定家族範圍，避免被同姓的非家族分子冒用，以此維繫門品於不墜。撰寫、保存與研究譜牒，遂在當時成為一門重要的學問，稱為「譜學」，有人專門研究。例如平陽賈氏祖孫三代皆為譜學名家，開創這個家學傳承的是祖父賈弼之，他早在東晉孝武帝太元年間就撰寫出《十八州士族譜》。以後劉宋的劉湛、南齊的王儉、南梁的王僧孺均撰有《百家譜》，提供吏部，做為詮選官員時使用，是官方認定的私人著作，由此可見社會階級這件事，政府既不願也不敢過問。但凡經過九品中正制度從各地察舉來的人，吏部官員必定先核對官方認定的各家族譜牒，確定出身家籍，考察真僞，才能按照出身的社會階級授官。所以南朝時，不熟悉譜牒之學就不能在吏部任職，這當然使吏部的職位長期被世族占據，世族子弟的政治地位，以及因此而來的經濟與社會等地位，也長久得到保證。

在這種制度下，南朝以門品的高下為標準，確立士庶之別，於是形成嚴格的門閥制度。在此制度下，南朝的官僚社會可分為三種階級：

高門甲族

家族歷代經常任官五品以上，且為清官高位的世族歸入此類，亦稱「華族」、「華閥」、「右姓」。在九品中正制度下，這些家族的子弟經常被評選為一品、二品，從此出任高官，其出身稱為「清流」，這是身分的標誌，與品德操守無關。

次門

門第勢力較低，次於華族的大家族，歷代常任最高為六品官的歸入此類。在九品中正制度下，這些家族的子弟經常被評選為三品至九品，可以出任官職，但無法從專屬清流的官位起家，其升遷也不如華族。

寒門

平民階級進入仕宦之途的官員稱為「寒人」，其出身稱為「庶族」或「寒族」，這也是身分的標誌，並非指貧窮。實際上南朝的寒門官員大多數來自中小型地主或富户家庭，屬於地方豪強或土豪商人，也有一些是立有軍功的武將、擅長行政的政府吏員等。他們在九品中正制中沒有被評定品級的資格，其出身稱為「濁流」，只能出任濁流官；但因擁有地方勢力、財力或特殊技能而被選入政府。

世族的特權

身為世族，與生俱來就有許多特權，包括政治、經濟、社會、文化等各個領域。

政治特權

世族地位崇高，藉由九品中正制，擁有仕宦優先權。以南朝前期而言，世族子弟年屆二十，即可出仕做官，寒門要年過三十才有機會；出身第一流高門者，更可以「平流進取，坐致公卿」（隨著時間逐步攀升，袖手高坐就可以成為公卿）。在此種情況下，世族子弟開始出仕時，當然要選擇某些「在中央、工作少、待遇好、名聲好聽、升遷迅速」的官職，久而久之，這些官職成為門閥世族的禁臠，也是世族子弟升遷高官要職的跳板，稱為「清官」或「清流官」。清流官最有名的例如祕書郎（中央圖書館員，掌管圖書經籍）、著作郎（國史館編修，掌管歷史檔案、編輯撰述國史）、中書郎（掌管詔令）、尚書吏部郎（人事行政部參贊，掌管官員選拔銓敘等資料；尚書各部郎官只有吏部郎是清官，其他都是濁官）等。

世族子弟不論賢愚，皆通過九品中正制進入政府，出任清官。時間既久，代代沿襲，成為固定制度。高高在上的世族子弟既然有清流官的保障，從小也就不必勤學，其素質隨著時間日益低落，談不上政治能力，這樣正好讓他們端起架子，不碰「俗務」。例如劉宋元嘉初年，瑯琊王氏的王敬弘擔任尚書僕射（按，約當今行政院副院長），卻從來不看公文，有一次參加皇帝親臨的訴訟審理，宋文帝問王敬弘對這案子的看法，王敬弘不回答。宋文帝臉色都變了，問左右隨從：「為什麼不給王僕射副本？」王敬弘這才說：「臣得到案件副本讀過，就是不了解。」大臣如此回話，當然使宋文帝很不高興，但他也沒有再說什麼。此後皇帝雖然仍對王敬弘恭恭敬敬，禮數周到，但再也沒有把實際政務交給他。

這種狀況延續到南梁時，社會上出現這樣的諺語：

上車不落則著作，體中何如則祕書。

（上車不掉下來的就當起著作郎，會寒暄兩句「身體好嗎？」的就當起祕書郎。）

這段南朝順口溜可能是那些「濁流官」充滿酸味的不平之鳴，因為與清官相比，濁官正是「常不在中央、工作多、待遇差、名聲不好聽、升遷緩慢甚至無望」的職位，而且永遠由寒門充任。

一個華族出身的人在南朝官場上的過程與為官狀況，可以用劉宋中、後期的王僧達為例。王僧達出身瑯琊王氏，是東晉開國宰相王導的玄孫、南朝首屈一指的僑姓世族子弟，他的平生經歷如下：

從小聰明好學，有神童之稱，也喜歡打獵，還曾親自屠宰牛隻。宋文帝聽聞他的名聲，特別召見，他面對皇帝態度從容嫻雅，宋文帝非常喜歡，指定堂兄臨川王劉義慶的女兒嫁給他。以當時的情況看，皇帝此舉是希望結交瑯琊王氏，以鞏固其統治，有高攀之意。當然宋文帝也不會隨便派個劉家的女孩當王僧達的新娘，而是選擇以劉義慶做他的岳父，顯然考慮到劉義慶是劉宋皇族中最有學問與文名的，這位王爺常與文人雅士聚會，著有《世說新語》。

王僧達經過中正官照例品評後開始仕宦生涯，出任太子舍人（太子侍從祕書，清流七品官）。在任時請病假，卻去橋邊看人鬥鴨，被監察機關糾舉，上級不追究。他又訴說家裡窮（！），請求調任郡太守，等於擺明要到當地撈一票。文帝本想答應，尚書吏部郎庾仲文勸諫道：「僧達沒辦法管理人民。」宋文帝才沒有將他外派；但為了補償，將王僧達連跳四品，升做太子洗馬（太子侍從長，三品官），居然成為獨當一面的首長。此處劉宋的皇帝以平衡方式處理，既不得罪瑯琊王氏，也給了從東晉以來就是世家大族的南陽新野（今河南新野）庾氏面子，還照顧到地方人民，正是南朝皇帝對待世家大族的標準模式，可謂煞費苦心。

不久母親過世，王僧達休職守喪在家。他擔任郡太守的哥哥卸任回家，送他一百多萬錢，王僧達與這位兄長素來不睦，竟視這筆錢財如糞土，讓家裡的奴婢隨意拿，一夜之間搬光。守喪期滿，調為宣城郡（轄今安徽東南部，郡治宣城，今安徽宣城）太守，總算如願以償。宣城多山，他到任後喜歡入山遊獵，經常三天、五天都不在辦公室，實在緊急的訴訟，就在獵場受理。

其後轉調護軍將軍，掌管全國中級以上武官的選拔考核，王僧達對這個職務毫無興趣，面見皇帝要求外放做徐州郡（轄今江蘇北部，郡治徐州，今江蘇徐州）太守，皇帝不同意，原因應該在徐州是劉宋北方邊防要地，當地太守責任重大，必須能文、能武、能外交，派王僧達去一定搞壞國家大事。王僧達固執地不斷陳述，皇帝只好派他做吳郡太守。吳郡是富庶之地，寺廟尤其積聚財富甚多。王僧達太守到任後直接向當地的西臺寺要錢，西臺寺不給，他竟擄人勒贖，派一個顧姓的部下率眾綁架寺內和尚，勒索到幾百萬錢。這位顧先生應該出身吳郡顧氏，如此就等於僑姓世族、吳姓世族聯手欺壓佛教僧侶以斂財。當時的地方官普遍操守不良，導致人民反叛，南梁政府授權王僧達招兵一千人防備轄區，他卻趁機招來兩千四百人，分為三十隊，形成私人武力，又在吳郡建私人住宅，徵發人民為他做工，可謂無法無天。

雖然如此，他依然沒事。後來劉宋孝武帝召見，王僧達對皇帝絲毫沒有禮貌，瞪著雙眼直視，孝武帝毫無辦法。當時有位出身寒門的何尚之，一度退休後又出任高官，在家中舉行「八關齋戒」（按，佛教儀式，本意為離家一日一夜，加入僧團生活，遵守佛教八項戒律），邀請許多名人參加。大家談佛法、論戒律之餘，主人何尚之依照寺院規矩起身「行香」（按，佛教用語，指用齋後或靜坐前行走，由慢至快），走到王僧達面前時對他說：「希望年輕的先生放下獵鷹和獵狗，不要再游獵。」王僧達回答道：「家裡養了一隻老狗，放掉牠還沒地方去，又回來了。」此話一出，當時已經七十幾歲的何尚之臉色大變，卻仍然對這位頂著瑯琊王氏招牌高傲絕倫、為所欲為、故意諷刺的王僧達無可奈何。

王僧達擅於觀望政治風色，凡有政治重大異動，都會領頭選邊。劉宋文帝劉義隆被太子劉劭殺死後，孝武帝劉駿起兵討伐劉劭，王僧達望風投奔劉駿陣營。這次的選邊對王僧達與劉駿都很重要，因為它又是一次南朝高門世族與皇位競爭者之一合作的典型，代表瑯琊王氏支持劉駿，承認他是劉宋的正統，劉駿當上皇帝後，當然保持王家的特權。難怪雖然王僧達的驕傲自大、言行無禮、求官心切、貪汙勒索、濫用民力、有虧職守、私蓄武力等等，已經達到罄竹難書的地步，孝武帝劉駿還是封他為寧陵縣五等侯，並讓他屢次升遷，最後當上中書令（中書副長官，皇宮副祕書長）。

這種情況在南朝甚為普遍，使一千多年後清代的歷史學家趙翼在《二十二史劄記》〈九品中正〉條中嚴加批評：

> 高門華閥，有世及之榮，庶姓寒人，無寸進之路。選舉之弊，至此而極。

（階級最高的世家大族，擁有父子兄弟繼承來的榮耀，平民百姓向前進一寸的路都沒有。選拔任官的弊端，至此到達極點。）

南朝實際政務的處理

世族做官的弊端如此，可以想見那些「濁官」眼看「清官」無所事事即飛黃騰達，不免悲嘆自身的命運，悲嘆之餘，有的可能會另覓晉身之階。他們還的確有機會，因為另一方面，南朝皇帝面臨的問題更大。

無論如何，政府必須運轉，公務必須有人去做，南朝政府在世族壟斷下，卻是高官一大堆，公事無人辦，逼得皇帝不得不提拔一些寒人做為心腹，實際推動政令，成為南朝政府的特色。南朝在皇帝身邊典掌機要的官員稱為「中書通事舍人」，即機要祕書之意，大多由寒人出任，工作本是收存檔案、傳達公文等，卻深受皇帝器重，將參與決策、執行政令的機會與權力交給他們。這些寒人位不高而權重，只有他們了解政府如何運作、政策如何決定與推行，他們才是南朝政府實際掌握行政權的人，因此也時常跋扈自大，只有他們敢對世族的同僚甚至長官不假辭色，世族官員對他們辦事既無從置喙，有時也只得垂頭聽命。

南朝皇帝的另一種心腹是稱為「典籤」的五品官員，用以專門對付散布在各地的親王或封疆大吏。典籤本是一級地方政府的文書檔案官，在南朝卻變成皇帝的眼線與監督，用以監視甚至控制這些可能危及皇位的人物，從飲食到行動都在內。典籤與皇帝直接溝通，有事密報，皇帝也會祕密下令他們辦事，包括殺掉被監視的皇族。劉宋、南齊時期這種情形尤其常見，那些皇帝大殺皇族親人的事，都是由派往各地的典籤動手。

經濟特權

南朝世族享有占田、蔭户和免除租稅徭役等特權，成為他們建構經濟勢力的基礎。依《晉書．食貨志》，所謂「占田」指從西晉初期起，政府規定各種身分的人可以擁有的土地數量，例如一品官可有五十頃，依次遞減至九品官可有十頃等；「蔭户」，指各種等級的貴族與官員可以庇蔭的家户，受庇蔭者免除稅捐勞役，只對庇蔭者承擔義務。依照占田制度，官吏可依品級高低庇蔭其親屬、門下食客、佃户等，有一定的人數限制，例如一、二品官可以庇蔭佃户五十户、三品官佃户十户，遞減至九品一户，六品官以上可庇蔭食客三人，遞減至九品一人等；親屬部分，最高可以庇蔭到九族，包括父族、母族與妻族。

由於官吏自家及被蔭庇者皆不需要繳稅服役，此種制度必然造成朝廷收入減少，公共工程人力不足，於是成為普通百姓必須繳交更多賦稅，承擔更多勞役，大批農民或者破產，或者不堪其擾，便紛紛賣身投靠在大地主轄下，官員的占田與蔭户隨之大量增加，遠遠超過政府的限制。世家大族歷代出任高官，藉此始終掌握大量土地與人口，構成其經濟特權，財富可以和朝廷分庭抗禮。

當時的世族占有大量田地外，還會「封山占澤」，即強行占據本屬地方公有的山地與湖泊，將各種地形地貌連為一片，變成廣大的莊園。這種大莊園裡有農田生產糧食，山坡種植林木與果樹，湖泊、河流提供水產與磨坊的動力，源源不絕的賣身投靠者保證勞動力充足，於是每個世族都家大業大。這些世族莊園區域的生產成果全部由世族享用，因此世族的經濟力量雄厚，請得起超額的謀士與保鑣，形成國家內部許多獨立自主的經濟區域，政府無法干預，這種經濟體制稱為「莊園經濟」。

世族控制下的莊園經濟長期且普遍存在，勢必嚴重影響國家的財稅收入與人力資源，這可以說明為何東晉與南朝中央政府的實力始終不強；而從東晉到南朝不斷有人反叛，也與在莊園經濟下，地方的力量常常超過中央有關。針對這種狀況，南朝時朝廷曾通過「檢括户籍」（按，調查世族擁有的蔭戶）的方法壓抑世族蔭客數；但即使收效一時，不久就故態復萌。

總之，南朝的莊園經濟是世族特權的產物，也是階級不平等的象徵之一，它對中國經濟的唯一貢獻，可能在於長江以南原來的荒山野澤地區因此進一步開發，奠定未來經濟發展的基礎。

社會地位

經過兩百年的累積與鞏固，南朝世家大族的社會地位極為優越，他們以此自傲，輕視甚至蔑視他人。同樣在朝廷為官，世族、寒門的身分高下截然不同，世族視寒門如草芥，不屑與之爲伍，用對待僕人的態度對待寒們同僚。這兩個階層之間不相往來，寒人即使被皇帝賞識，升爲掌權的近臣，仍然被世族看不起。如果寒門不自量力，想要跟世族拉點關係，世族必然不會以禮接待，甚至當場就擺下臉色，極盡侮辱之能事。以下是幾個代表性的事例：

劉宋孝武帝母親路太后的哥哥名叫路慶之，他的孫子路瓊之和前面提到的那位王僧達是鄰居，一次路瓊之盛裝打扮，坐著華麗的車拜訪王僧達，王僧達正要出去打獵，已經換上獵裝。路瓊之坐下後，王僧達不跟他寒暄，劈頭問道：「從前家裡有個車伕叫路慶之的，是你什麼親戚？」路瓊之只得起身告辭，王僧達還叫僕人把路瓊之坐過的床（按，古代跪坐用的家具）燒掉。路瓊之自討沒趣，灰頭土臉而回，內心想必極為悲憤，但在南朝社會裡也無可奈何。

僑姓世族如此，吳姓世族也不落人後。劉宋時世族吳郡張敷出任中書郎，中書舍人（按，皇帝或太子祕書，掌起草與宣布詔命，南朝時經常握有實權）寒人秋當、周赳做為張敷的同僚，商量是否去拜訪他。周赳說：「如果不招待我們，我們就難堪了，還不如不去。」秋當說：「我們也有相等的員外郎地位，怎會擔心沒法跟他坐坐？」兩人就決定去看張敷。張敷聽說他們要來，先將客人與主人的坐床擺得很近，主、客就座後，張敷立刻呼喚僕人：「把我搬離客人遠點！」擺明他這個吳郡張氏不屑和寒人共坐。秋當、周赳無法再待下去，只得告退。

南齊時中書舍人紀僧真典掌機要，儀表舉止也儼然世族，自認地位與準備已夠，就去面見齊武帝蕭賾，「唯就陛下乞作士大夫。」（只請求皇上讓我作士族。）齊武帝說：「這事憑江斅、謝瀹做主，我不能發表意見，你可以自己去見他們。」紀僧真自認已經奉旨，就去見江斅，剛剛坐定，江斅便命令隨從：「把我的坐床搬開，向客人告辭。」紀僧真垂頭喪氣地退出，回來報告齊武帝說：「世族不是天子能任命的。」此事件幾乎是前一事件的翻版，只是當事的寒人找上皇帝幫忙，齊武帝可能不好當面拒絕，只有四兩撥千斤，讓紀僧真自己去碰一鼻子灰。

南朝類似的事情並不止此，這許多意象鮮明的故事，一再顯示當時世家大族社會地位的優越。他們排斥寒門的倨傲已到誇張程度，正足以代表他們如何致力維護世族階級的既得利益。

「世族內婚制」

世家大族驕傲橫行的基礎來自他們的門第，保持自己門第的純粹，就成為他們念茲在茲，特別在意的事。世族為此設定「士庶天隔」的界限，不許跨越，不容混淆，其主要方法就是不與寒門庶族通婚。凡屬世家大族，婚姻都是大事，選擇配偶特別注重門第，越是高門華族越嚴格，一定和家世相當的高門望族結親，只有少數男性會被皇帝選來「尚主」（娶公主），少數女性會嫁入皇家成為皇后，算是例外；但對世族而言，這等於是他們和皇室聯盟的交換條件，算不上家族的光榮。此外，僑姓、吳姓世族又有各自在本群體內通婚的傾向，這應該與地域觀念有關，例如吳姓四大世族吳郡顧、陸、朱、張四姓經常互相通婚，或者和會稽孔、魏、虞、謝四姓結親。

補充說明

關於魏晉南北朝時期世家大族的身分內婚制，史學界對此已有充分研究。王仲犖在《魏晉南北朝史》中列舉東晉至南朝蕭梁時期的世族聯姻概況，茲選錄如下：

東晉世族：

瑯琊王羲之妻為高平郗鑒女，見《世說新語·雅量篇》注引〈王氏譜〉。

王羲之子凝之妻陳郡謝奕女，見《世說新語·言語篇》注引〈王氏譜〉。

王導孫王愷娶陳郡謝萬女，珣弟王瑉娶謝安女，見《晉書·謝安傳子琰附傳》。

陳郡謝安妻為沛國劉耽女，見《世說新語·言語篇》注引〈謝氏譜〉。

謝安弟謝萬妻為太原王述女，見《世說新語·簡傲篇》注引〈謝氏譜〉。

太原王述子王坦之娶順陽范汪女，見《世說新語·方正篇》注引〈王氏譜〉。

王坦之子國寶妻陳郡謝安女，見《晉書·王湛傳玄孫國寶附傳》。

潁川庾亮子庾龢娶陳郡謝尚女，見《世說新語·輕詆篇》注引〈謝氏譜〉。

河南褚翌娶潁川庾峻女，見《晉書・褚翌傳》。
陳郡袁耽大妹適殷浩，小妹適謝玄，見《世說新語・任誕篇》注引〈袁氏譜〉。
陳郡殷顗妻為同郡謝尚女，見《世說新語・輕詆篇》注引〈謝氏譜〉。
顗從兄仲堪娶瑯琊王臨之女，見《世說新語・文學篇》注引〈殷氏譜〉。
譙國桓沖娶瑯琊王恬女，見《世說新語・賢媛篇》注引〈桓氏譜〉。
沖復娶潁川庾蔑女，見《世說新語・仇隙篇》注引〈庾氏譜〉。
桓沖兄子桓玄娶沛國劉耽女，見《晉書・劉耽傳》。

宋世世族：

瑯琊王敬弘女適廬江何述之與魯郡孔尚，見《宋書・王敬弘傳》、《孔淳之傳》。
王導曾孫王弘妻陳郡袁淑姑母，見《宋書・袁淑傳》。
王弘從弟僧達妻陳郡謝景仁（祖據，謝安第二弟）女，見《南史・謝裕傳子恂附傳》。

陳郡殷景仁妻為瑯琊王謐（王導孫）女，見《宋書・殷景仁傳》。
陳郡袁質（袁耽子）妻為同郡謝安女，質子湛妻為安兄子謝玄女，見《宋書・袁湛傳》。
湛弟子洵妻為濟陽蔡廓女，見《宋書・蔡廓傳子興宗附傳》。
洵弟淑妻為瑯琊王誕女，見《宋書・袁淑傳》。

齊世世族：

陳郡殷睿妻瑯琊王奐女，見《梁書・殷鈞傳》。
陳郡謝藺（謝萬五世孫）妻為河南褚淵女，見《南齊書・謝藺傳》。
汝南周顒為東莞臧質外甥，見《南齊書・周顒傳》。

梁世世族：

南陽樂藹，同郡宗愨之甥，見《梁書・樂藹傳》。

南陽劉之遴，同郡樂藹之甥，見《梁書．劉之遴傳》。

陳留阮胤之，瑯琊王晏之舅，見《梁書．阮孝緒傳》。

胤之從子孝緒，陳郡謝藺（謝安八世孫）之舅，見《梁書．謝藺傳》。

河南褚向，陳郡謝舉（謝朓子）外弟，見《梁書．褚翔傳》。

以上諸例，大都是北來的僑姓世族，他們為建立新同盟以加強自己群體的勢力，所以互結姻親。江東的吳姓世族同樣慎擇門户相對，然後結姻：

吳郡張融，會稽孔稚珪外兄，見《南齊書．孔稚珪傳》。

吳郡陸慧曉妻為同郡張岱女，見《梁書．陸倕傳》。

陸慧曉從孫陸絳妻同郡顧盼妹，見《昭明文選》卷二十六陸韓卿〈答內兄顧希叔詩〉。

吳郡陸睿妻同郡張暢女，見《梁書．陸杲傳》。

吳郡張稷女適會稽孔氏，見《梁書．張稷傳》。

從以上列舉中可以看出，東晉南朝將近三百年中大族之間互相通婚者，僅限於瑯琊王氏、高平郗氏、陳郡謝氏、沛國劉氏、太原王氏、潁川庾氏、河南褚氏、陳郡袁氏、陳郡殷氏、譙國桓氏、廬江何氏、魯郡孔氏、濟陽蔡氏、汝南周氏、東莞臧氏、南陽樂氏、南陽宗氏、陳留阮氏、吳郡張氏、會稽孔氏、吳郡陸氏、吳郡顧氏等大族，可謂典型的族群內婚。

到南朝後期，世族社會已族群內婚二百年以上，遺傳基因受限，缺乏新生力量，加上養尊處優多年，南朝世家大族子弟身體日漸衰弱，志氣日漸頹唐，終於在侯景之亂時受到幾近毀滅性的打擊。

「婚宦失類」的嚴重性

世族如果娶公主以外的非世族女子為妻，就稱為「婚宦失類」，會受到本階層的非難和排擠，政治前途立即受到影響，嚴重的甚至會被逐出本門第。然而南朝有許多寒門出身高官、將帥，其中不乏位至三公，掌握政治、經濟實權或統兵開府，成為方面大員者。對這些人而言，若能憑藉其強大勢力與世族結親，不但立刻翻轉階級，身價百倍，更能形成與世族的聯盟關係，有機會更上一層樓。

世族原則上對他們不屑一顧；但有時局勢紛亂，戰禍連綿，殺戮不斷，武將當道，少數世家大族可能基於安全考慮，會與這樣的實力派軍人結親。例如瑯琊王錫（王導七世孫）以女嫁給沈慶之子沈文季，陳郡謝超宗（謝玄玄孫）「為子娶張敬兒女為婦」（《南史．謝靈運傳孫超宗附傳》），謝朓之妻是屠夫起家的大將王敬則之女（《南史．謝裕傳從孫朓附傳》）等。

世家大族與高階武將、封疆大吏結親已經勉強，如果與他們眼中更下層的「寒賤雜門」結婚，必然使其他世族側目而視，招來嚴重物議。

最有名的例子是南齊時王源（曹魏司徒王朗七世孫，東海郡世族）將女兒嫁給富陽滿氏滿璋之子滿鸞，滿家出聘金五萬錢。王源當時喪妻，就用這筆錢辦女兒的嫁妝，剩餘的還自己納妾。

南齊御史中丞沈約聽到消息，立刻主動展開調查，然後上奏章向皇帝彈劾王源，這是中國歷史上因為別人結婚而導致御史彈劾的案例，極為罕見，也是南朝特有的怪現象。這篇奏章名為〈奏彈王源〉，千載知名，還被選入《文選》（按，《文選》又稱《昭明文選》，是中國現存的最早一部詩文選集，由南朝梁武帝的長子蕭統組織文人共同選編。蕭統死後謚「昭明」，因此得名。有宋代李善注解）。

補充說明

沈約，〈奏彈王源〉（節錄）（《文選》卷四十）

風聞東海王源，嫁女與富陽滿氏。源雖人品庸陋，冑實參華。……而托姻結好，唯利是求，玷辱流輩，莫斯為甚。……王滿連姻，寔駭物聽……源即主也。

臣謹案：……豈有六卿之冑，納女於管庫之人……蔑祖辱親，於事為甚。此風弗剪，其源遂開，點世塵家，將被比屋。宜寘以明科，黜之流伍……

臣等參議，請以見事免源所居官，禁錮終身……源官品應黃紙，臣輒奉白簡以聞。

臣約誠惶誠恐，云云。

（聽說東海郡的王源將女兒嫁給富陽的滿家。王源雖然人物庸俗、品格低劣，卻屬於高貴的家族。……但他假借結親，唯利是圖，侮辱世族階級，沒有比這更厲害的了。……王和滿家聯姻，實在驚世駭俗……主謀就是王源。

臣下恭敬地說明……怎麼可以有名列六卿的家族，把女兒嫁給管理倉庫的人？……蔑視祖宗、汙辱尊親，在這件事上最嚴重。這種風氣如果不剪斷，源頭就會啟動，將使鱗次櫛比的世家大族都蒙塵羞辱。應該明正典刑，將他罷黜。

臣下等共同建議，請以這件事將王源罷免官職，終身不錄用……以王源的官品而言，談他的事情應該用黃色的紙書寫，但臣下卻用白色的紙書寫來呈報皇上。臣下沈約誠惶誠恐，說出以上的話。）

南北朝時世族的户籍等檔案用黃紙書寫，庶民的用白紙書寫。沈約這篇奏章用白紙書寫，代表他和世族社會已經不承認王源的世族身分，將他踢出世族階級，降級為寒人了。

高門世族的兩面性

南朝的世家大族享有崇高的政治和社會地位，經濟條件優越，又是文化的代表，故其日常生活具有兩面性：一方面華麗、莊嚴，經常宣示他們與政治、學術、文化密不可分的關係；另一方面卻清高、孤傲，經常表現出他們在社會與心態上的超凡脫俗。這種狀況從僑姓世族排名第二的陳郡謝氏家族可以明顯看出。

南朝初始時，劉裕篡晉，建立劉宋王朝，名義上要接受東晉最後一個皇帝的「禪讓」。實際做法是自知氣數已盡的東晉皇帝請來一位大臣，將傳國玉璽奉獻給新興王朝的皇帝，儀式才算完成。當時主辦典禮的官員預擬，由劉裕的孫子劉叡來承擔這個傳遞玉璽的任務；但劉裕認為做這件事的人必須具備崇高的聲望，決定請陳郡謝氏的謝澹擔任。這個決定象徵性的意義極為濃厚，因為陳郡謝氏是取得淝水之戰勝利，延續東晉後期命脈的世家大族，讓謝氏家人傳遞傳國玉璽，等於明示天下，世家大族已經放棄司馬氏的晉，改為支持劉裕取代晉，承認劉宋王朝的合法性。難怪以後劉裕舉行宴會，都會邀謝澹參加，這位陳郡謝氏領袖則喝了酒就放言高論，在戰場上殺人無數的開國皇帝劉裕也對他無可奈何。

陳郡謝氏另一位人物是謝裕。《南史》描述此人矜持嚴肅，性喜整潔，居住環境一定要乾淨優美。所以，謝裕家不設痰盂，他每次吐痰，就吐在左右隨從的衣服裡，然後給這個隨從放一天假，讓他去洗衣服。每當他要吐痰時，樂於放假的眾隨從就蜂擁到他面前，爭著接受。

對於這樣一位陳郡謝氏的領袖，宋武帝劉裕還是特別看重，聘定他的女兒做兒媳婦，結為親家。

謝家下一代出了一位謝恂，多才多藝，從小精通音樂，善於吹笙。出來做官後擔任廬江郡（轄今安徽巢湖南岸一帶）太守，不久就辭官，劉宋孝武帝說：「謝家少年不可以委屈在小郡。」調他做司徒府主任祕書。

後來因為家裡窮（按，不如說錢不夠花），要求做西陽郡（轄今湖北黃岡一帶）太守，宋孝武帝照例批准，哭窮的世族音樂家謝恂也就到湖北比較富庶的地方去做官，藉此「調劑」一番了。

將世族這種兩面性發揮到極致的是鼎鼎大名的謝靈運（三八五～四三三年），他的傳記值得細讀。

謝靈運是東晉名將謝玄的孫子，母親是王羲之的外孫女，從小天資聰穎，好學不倦，博覽群書，文章華美，下筆氣勢宏偉，縱橫自如，但稍欠深刻緊密。宋文帝曾請他編撰晉朝的歷史，他寫下章節的名稱以後就不再理會，史書因此編不成，顯然編撰歷史與他的個性不合，他一旦發現，就理所當然地不再做這種既繁瑣又不夠清高的工作了。謝靈運承襲祖先傳下來的公爵，性格豪放，生活奢侈，車輛衣服都鮮明美麗，還會服裝設計，往往自行改變服裝款式，穿出來立刻變成時尚，大家效法。

這樣一個人當然宦途順利，可是謝靈運卻視禮節與法律為無物，喝醉酒就裸奔，一面大呼大叫，還屢次因為違法犯案而被革職免官。他最嚴重的罪名是多次任意殺死部下，這也使他從公爵被降級為侯爵。

謝靈運自視甚高，總認為執掌國家大政非他莫屬。宋武帝劉裕死後，少帝即位，權力在幾個大臣手中，謝靈運乘機黨同伐異，誹謗當政大臣，幾位大臣忌恨在心又惹他不起，只好來個眼不見為淨，將他這枚燙手山芋外放去永嘉郡（轄今浙江東南部溫州一帶）做太守，至於永嘉郡的百姓會面臨怎樣的狀況，那就只有不管了。

謝靈運到永嘉後成天遊山玩水，一出去就是十天到一個月，到處吟詩述懷，公務廢弛，也不理會。他出遊時帶著幾百人，砍伐森林，開闢山路，縣官與百姓受到驚擾，當他們是山賊。

這樣過了一年，他稱病辭官，大概撈了不少錢，就將會稽（今江蘇吳縣）的舊宅與別墅整修擴建，優游自在地隱居起來。這些工程堂而皇之地徵用當地人民做工，只因他是陳郡謝氏的才子，身邊又有幾百名清客、隨從、家丁，文武兼備，勢力龐大，當地官員與人民都只有認命照辦。

此後謝靈運變本加厲，看上會稽城牆外的一座湖泊，竟向地方官要求將湖水放乾，變成他家的田地。宋文帝本已同意，命地方官執行，會稽太守孟顗卻認為這會斷絕人民取水與撈捕水產補貼生計之路，予以拒絕。謝靈運改為要求另一座湖，孟太守又拒絕；然而因為謝靈運的惡勢力很大，孟太守感覺自身危險，只好上奏章向皇帝報告，並且動員駐軍保護自己。謝靈運則親自趕回建康，也向宋文帝上奏，狀告孟太守。宋文帝處理這種局面又是兩邊不得罪，把謝靈運派任為臨川內史（今江西撫州的地方長官）。臨川在建康西南，與會稽是不同的方向，免得他又回會稽去與地方官衝突。

謝靈運在臨川仍然嬉遊放蕩，遭到糾舉，這次劉宋朝廷忍無可忍，決定逮捕他。謝靈運乾脆起兵反叛，事敗被捕，送到首都審訊，依法判處斬刑。宋文帝本來還希望只將他免官而已，因反對力量大，遂將他免死，全家流放廣州（今廣東）。謝靈運此時還暗中出錢招募流氓徒眾，要這些人採購武器，在廣州襲擊押送官兵，將他劫走，準備東山再起。他的陰謀被破獲，仁至義盡的宋文帝這次終於下令處決，謝靈運就在廣州問斬，死後屍體被拋棄在市場示眾。

謝靈運天資聰穎，文才高妙，是南朝知識界的菁英。他在不斷遊山玩水，享受大型莊園富足雅致的生活之餘，時常以身邊的景物為題材吟詩作賦，抒發閒情逸致與歲月不居的傷感，其作品是中國山水詩的鼻祖，在中國文學史上具有重要地位。他還有設計天才，服裝以外，又曾想出安全省力的登山方法。當時的人常穿下有兩個高齒的木屐，謝靈運穿木屐登山，上山時去掉前齒，下山時則去掉後齒，走來如履平地。然而另一方面，諸如高傲自大、恃才傲物、放蕩無禮、任性妄為、廢弛公務、殘殺部下、自私自利、仗勢欺人、貪贓枉法、驚擾人民、破壞環境、買凶劫囚、陰謀叛亂等等詞彙，也可以毫無保留地用來描述他。

只要認識謝靈運歷年在各地的所作所為，就可以理解雖然他是陳郡謝氏的高門華族，宋文帝最後也不得不把他斬首棄市的原因。畢竟南朝皇帝對世族的優容，是以不危及政權為底線，世族可以對政治鬥爭、朝代更迭漠不關心；但仍然不能謀反。

南朝高層世族的兩面性，在謝靈運身上發揮到極點，他任性到底，美則盡美，惡亦極惡。

補充說明

謝靈運名言

天下才有一石，曹子建獨占八斗，我得一斗，天下共分一斗。

（按，這是成語「才高八斗」的出處；曹子建，曹植。）

不怨秋夕長，常苦夏日短。

南朝世族的腐化

南朝世族子弟可謂啣著金湯匙出生，天生榮華富貴，完全不需要努力奮鬥，隨著時間流逝，越來越多的世族子弟變得完全不食人間煙火，過著放浪頹廢的生活。到南朝後期南梁時，這種情況更加明顯。當時大多數世族子弟生活靡爛腐化，只懂奢侈享受，動輒高來高去地談論玄學，端起悠閒高雅的架子，不屑也不會處理實務，成為缺乏生活與工作能力的一群人。說他們是光鮮華麗的社會寄生蟲，也不為過。

南朝世族十分注重衣著用品的奢華、外貌的美麗、態度的從容與行動的嫻雅，例如何戢「家世富盛，性又華侈，衣被服飾，極為奢麗」，「美容儀」，褚淵「美儀貌，善容止」，王峻「美風姿、善舉止」等。顏之推在《顏氏家訓．勉學篇》中曾語重心長地描述南朝世族子弟的生活：

梁朝全盛之時，貴遊子弟，多無學術，至於諺云：上車不落則著作。體中何如則祕書。無不薰衣剃面，傅粉施朱，駕長檐車，跟高齒屐，坐棋子方褥，憑班絲隱囊，列器玩於左右，從容出入，望若神仙。明經求第，則雇人答策，三九公燕，則假手賦詩。當爾之時，亦快士也。

（梁朝全盛的時候，還沒當官的貴族子弟，大多不學無術，以至於有諺語說：「上車不會掉下來就是著作郎，能寒暄兩句身體怎樣就是祕書郎。」沒有一個不是衣服薰香，臉孔剃光，擦胭脂抹粉，駕起車蓋向前伸長的牛車，腳蹬高齒木屐，坐在方格圖案的絲褥子上，倚著雜色絲織成的靠墊，左右兩邊陳列好古玩藝品，從容地出出入入，看起來好像神仙。碰到求取功名要考試經書，就雇人作答，三公九卿出席的宴會上，就靠別人代為作詩。在那樣的時候，也算是號得意的人物了。）

《顏氏家訓．涉務篇》有另外一段對南朝世族精彩的描述：

梁世士大夫，皆尚褒衣博帶，大冠高履，出則車輿，入則扶侍，郊郭之內，無乘馬者。……至乃尚書郎乘馬，則糾劾之。……建康令王复性既儒雅，未嘗乘騎，見馬嘶歕陸梁，莫不震懾，乃謂人曰：「正是虎，何故名為馬乎？」

（梁朝時世族人士，都崇尚寬袍子闊帶子，大帽子高底鞋子，出門就乘車，進門有人攙扶，城裡郊外，沒有騎馬的。……甚至尚書郎騎馬，就彈劾他。……建康縣長王复性格儒雅，從沒騎過馬，看見馬嘶叫噴鼻跳躍，沒有不震驚害怕的，就對人說：「這正是老虎，為什麼叫做馬？」）

世族在優越的生活中好吃懶做，處事全無能力，人生全無目標，他們自鳴清高，正是護短的表現。顏之推說世族們品評起古今人物，都瞭若指掌，真正有事情交給他們試辦，就什麼都不會。他們生活在承平時代，不知道有國破家亡，流離失散的禍患；在朝廷做官，不知道戰爭的危險和緊急；永遠有俸祿可領，不知道耕田的勞苦；站在吏員與百姓頭上，不知道服勞役的辛勤。這些話可謂旁觀者清，語重心長。

這樣高高在上的世族官員，常使寒門同僚既羨慕又忌妒，既看不順眼又無可奈何，比較刻薄的寒門只得找到機會，就挖苦他們一下。南齊時寒門劉祥曾與世族王融同乘一輛車，路上看到有人趕著一頭驢，劉祥就說：「驢！你好自為之，像你這樣的人才，都已經做了中書令（皇室祕書長）、尚書僕射（行政部門次長）。」劉祥此人向來尖酸刻薄，諷刺謾罵，口不擇言，後來被南齊高帝蕭道成流放廣東；但若不以人廢言，這幾句指驢罵世族，倒也真是他的不平之鳴。

南朝後期世族的式微

南朝後期，世族盛極而衰。

南朝開國皇帝多出身於寒門，他們鑑於門閥政治侵蝕國本，亟需加強君權以求自我鞏固，加以世族一向鄙視吏事與武職，不屑煩勞，無法勝任實際政務，故南朝皇帝大多委任寒門庶族出任顧問或助理，擔任實際行政工作。如此一來，隨著南朝的延續，世族固然高高在上依舊，寒人的政治地位卻逐步上升，掌握實際政權。高高在上的南朝世族學識與能力漸漸不堪聞問，生活卻更加奢靡腐化，君主對世族也表面尊敬，把他們供養起來，實際上卻疏遠與壓抑。久而久之，世族慢慢遠離權力的核心，喪失政治上的影響力，逐步式微。這種情況仍然可以舉陳郡謝氏為例。

謝靈運的孫子名叫謝超宗，幼年時隨祖父、父親流放嶺南，宋文帝末年回到建康做官。他好學，文章寫得好，名聲大；可是同樣性格傲慢。他酗酒成性，經常醉醺醺地值班。宋文帝曾召見他，談及北方邊疆的事，謝超宗回答道：「那些（北朝）強盜打過來已經二十年了，就算佛出來也沒辦法。」文帝聽了很不高興，把他調為南郡（今湖北荊州一帶）王府的中軍司馬，這是武職，顯然有意讓他去當個邊疆地區的武官，長點軍事知識。謝超宗從皇宮出來後，有人問他新任命官居何職？在哪個府裡？他答道：「不知道是司馬還是司驢，既然是驢府，應該正是司驢。」

由此可見南朝時世族既不懂軍事，更對此不屑一顧的實況。應當注意的是，陳郡謝氏在東晉淝水之戰（三八三年）時出過謝安這樣的宰相、謝玄與謝石這樣的將軍，以寡擊眾，獲得大勝，保住東晉的江山。可是七十年後，到劉宋文帝末年（約四五〇～四五三年）時，其後代已經對北魏這個南朝的強敵與宿敵、一心想吞併南朝的強鄰完全不知所措，也不願去面對，只剩幾句仗恃世族身分裝瘋賣傻的酸話而已。

全國知識界的菁英如此，必定迫使皇帝從寒門中培養人才。果然梁武帝時設置五經博士，開館招生，專收寒門俊才，由政府供給食宿，只要能通一部經書，核實後即可錄用。此制度鼓勵寒人鑽研經學，寒門的文化水準因此得到普遍提升，無形中消除了華族與寒人間文化上的鴻溝，使越來越多的寒門憑藉文才、武功取得高位。相比之下，南朝世族早已喪失對政權的向心力，不以改朝換代為意，導致擅長政事的絕少，懂軍事者更完全不可得，只剩下保持家族地位，好好享受人生的念頭。當時世族的社會與經濟地位尚未受到嚴重的挑戰，家中仍有財力讓他們招搖，所以會出現《顏氏家訓》敘述的那種景象。

梁武帝末年發生侯景之亂，建康幾乎成為廢墟，梁朝分裂，內戰頻仍。大動亂中嬌生慣養的世族子弟原形畢露，他們身體虛弱，走不了幾步路，耐不住寒冷或炎熱，遂大量慘遭屠戮、病餓而死或流落異鄉。等到江南寒門武人陳霸先收拾殘局，建國稱帝時，南朝世族，尤其是僑姓世族已經日薄西山。

南朝二百年的世族門閥，最後隨著南朝滅亡而恍如一夢，只留下那些當時不可一世的傲慢身影，隱約浮現在史書中。正是：

唐　劉禹錫，〈烏衣巷〉

朱雀橋邊野草花，烏衣巷口夕陽斜。

舊時王謝堂前燕，飛入尋常百姓家。

（按，烏衣巷，建康城中東晉至南朝高門世族的聚居區，在今南京秦淮河南岸；朱雀橋，秦淮河上的一座橋，是通往烏衣巷的必經之路。）

南朝世族的生活狀態我們在此已經觸及；但世族只占南朝人口的少數，南朝時各種人究竟怎樣過日子，在探訪南朝中不可或缺，我們將在下一章中進行了解。

資料出處

《晉書》食貨志

《南史》王敬弘傳、王僧達傳

《南史》謝澹傳、謝裕傳、謝恂傳、謝靈運傳、謝超宗傳

《南史》張敷傳、江斅傳、恩倖傳、茹法亮傳、巴陵王子倫傳

《南齊書》劉祥傳

《文選》卷四十〈奏彈王源〉

《顏氏家訓》勉學篇、涉務篇

《全唐詩》

第四章　歸去來辭山居賦，吳聲西曲子夜歌

南方生活面面觀

〈鷓鴣天　南朝生活〉

白藕紅蓮小槳輕　吳歌西曲訴多情
苗稀草盛陶潛累　家亂人爭任昉評
崇釋道　嗜杯觥　山居閒適賦尊榮
玉臺新詠今猶在　唱盡南朝舊燕鶯

江南春

唐　杜牧

千里鶯啼綠映紅，
水村山郭酒旗風；
南朝四百八十寺，
多少樓臺烟雨中。

探訪一個歷史時代，不能不去看當時的生活；可是這在南朝並不容易，主要原因在於資料太少而且零散。

中國傳統的二十五史，一般記載帝王將相的事蹟多，平民百姓的生活少，其中記述各種專門領域的「志」裡可能有一些，例如〈食貨志〉就專講經濟、財政，也涉及部分民生，但仍然不足以呈現全貌。南北朝戰亂頻仍，對文化的破壞嚴重，像梁元帝一夜之間就燒掉十四萬卷書，許多當時寶貴的資料就此失傳，導致唐朝編修的南陳歷史《陳書》，竟然連「志」都沒有。所以重現南朝生活面面觀是個艱辛而且繁雜的工作，必須另外尋找資料，披沙揀金，才能與正史中的蛛絲馬跡合併，拼湊出大致的模樣。在比較知名的書如《文選》、《顏氏家訓》之外，茲介紹可以做為我們這段探訪導引的另外幾部書。

《藝文類聚》是唐高祖李淵下令編修的類書，由歐陽詢主編，編輯有令狐德棻、陳叔達、裴矩等十餘人。武德七年（六二四年）成書，上距南朝終結僅三十五年，為時不遠，有其史料價值。《藝文類聚》的內容分為四十七「部」，即單元，每單元記述一種專門領域迄至唐朝初年的資料與知識，有〈衣冠〉、〈居處〉、〈舟車〉、〈食物〉、〈雜器物〉、〈巧藝〉等部，頗有助於了解南朝人的生活。

《荊楚歲時記》為南梁宗懔撰，記載當時南朝西部地區一年中的節慶活動狀況，是探索南朝人民生活、風俗習慣、民間宗教信仰等的重要指引。例如在南朝時每年正月初一日要：

> 雞鳴而起。先於庭前爆竹，以避山臊惡鬼。……繪二神貼戶左右，左神荼，右鬱壘，俗謂之門神。於是長幼悉正衣冠，以次拜賀。

《玉臺新詠》作者不詳，一般說法編者是南朝徐陵；但也有人認為徐陵其實是「徐媛」的誤寫，真正的編者是陳後主的寵妃張麗華。不論如何，這本十卷的書以「選錄豔歌」為宗旨，收錄從東周到南梁時的詩七百六十九篇，內容圍繞著男女愛情與婚姻，中國最長篇敘事詩〈孔雀東南飛〉就首見於此書。《玉臺新詠》當然被歷代的真道學與假道學批評為靡靡之音甚至亡國之曲，卻是現在我們探索南朝人愛情與婚姻生活的重要指引。

北宋劉敞撰有《南北朝雜記》，記述南北朝時一些人物的言論與故事，雖然不是第一手史料，但有些頗有意思，也具有參考價值。

南北朝時代固然政治黑暗，動亂不絕，卻是一個社會與思想控制力降低，使人類本性得以自由發展的時代。自從秦始皇統一天下以來，法家、道家、儒家學說相繼被政府採用，造成中央政府以一種學說為主導，為人的行為與思想設立規範。在法家或儒家思想籠罩一切之下，造成秦、漢時社會均質化、思想一貫化，社會景象單調。這種單一化的體系延續近四百年，到魏晉時終於瓦解，人們解脫幾百年來的束縛，發揮個性，造成文化的榮景與特色鮮明的社會。從東漢末年開始的社會與文化情況延續到南朝時，已經成為順理成章的事，所以南朝人的生活實屬多采多姿。茲就現有資料，從幾方面介紹南朝人的生活。

自成天地的世族莊園歲月

自晉室南遷，世族在南方封山占澤後，南方出現許多世族私人擁有的大型莊園。這類莊園占地甚廣，涵蓋山丘、平野、河流、湖泊等各種地形，其中植物、動物種類齊備，故能自成一生態體系與經濟單位。

這類莊園內建有主人與僕人的住宅、休憩用建築如亭臺樓閣等、灌溉與交通用的水道、動力來源的水車、碾房等。平原上的土地用以生產糧食，也有一部分用來種植花草果樹，以增進主人的生活情趣。南方氣候較為炎熱，故南朝皇室特別重視冬天取冰，以供夏天使用，還設官管理。推想在莊園逍遙度日的世族們也應該有如此享受。

南朝位居社會頂尖的世族，便在這樣的莊園裡過著他們優游的歲月。謝靈運曾以長篇作品〈山居賦〉描述這種莊園主人的生活。此賦篇幅極長，詞藻華美，可以做為南朝賦的代表作，其中以許多典故與不常用的字，介紹他莊園裡的地形、植物、動物，在知識的傲慢中，充分展現他學識的淵博、見識的高超，當然還有生活的舒適與雅緻。〈山居賦〉讓我們發現，南朝世族的莊園規模龐大，包山帶水，地形地貌複雜，莊園內植物、動物種類繁多，甚至熊與老虎都可以生存於其間。莊園的物產甚為多樣，糧食、蔬菜、水果、花卉、水產、山珍、野味等等無一不備，做為世族的主人可以隨時享受。物質享受之餘，這些世族還要瀟灑自如地追求精神生活，談論哲學，體驗美感，所以莊園裡還有經臺（存放與閱讀儒家經書的臺閣）、講堂、禪室、僧房等建築，點綴在山明水秀之所，柳暗花明之間。請看謝靈運這篇名作：

南朝　謝靈運，〈山居賦〉（節錄）

其居也，左湖右汀。往渚還江，面山背阜，東阻西傾。抱含吸吐，款跨紆縈。綿聯邪亙，側直齊平。

……阡陌縱橫，塍埒交經。導渠引流，脈散溝並。蔚蔚豐秫，苾苾香秔。送夏蚤秀，迎秋晚成。兼有陵陸，麻麥粟菽。候時覘節，遞藝遞熟。

……山上則猿猑狸獾，犴獌猰猛。山下則熊羆豺虎，豲鹿麕麖。擲飛枝於窮崖，踔空絕於深硎。蹲谷底而長嘯，攀木杪而哀鳴。

……翦榛開徑，尋石覓崖。四山周回，雙流逶迤。面南嶺，建經臺；倚北阜，築講堂。傍危峰，立禪室；臨浚流，列僧房。

北山二園，南山三苑。百果備列，乍近乍遠。羅行布株，迎早候晚。猗蔚溪澗，森疏崖巘。杏壇、柰園、橘林、栗圃。桃李多品，梨棗殊所。枇杷林檎，帶谷映渚。椹梅流芬於回巒，椑柿被實於長浦。

畦町所藝，含蕊藉芳，蓼蕺葼薺，葑菲蘇薑。綠葵眷節以懷露，白薤感時而負霜。寒蔥標倩以陵陰，春藿吐苕以近陽。

（按，此篇賦難以用同樣充滿音律感的白話文翻譯，只得保留原貌，幸好節錄的部分都不算太艱深，請自行體會其意。）

漢朝人聚會時常常幾杯酒落肚就自行跳起舞來，到了南朝，世族重視妝扮，講究儀容清雅、舉止悠閒，出門都駕著牛車，又常拜佛修道，形成文弱的風氣。他們聚會時的活動就是喝酒、吟詩、奏樂、清談等，都是靜態的，連傳統的自行起舞風俗都已失去，其生活型態不難想見。結果南北朝時，聚會起舞的風俗變成僅流行於北朝，後來被隋、唐繼承，並發揚光大。南、北的差異，從這件事也可以看出。

南朝世族風雅文弱的生活，在庾信（五一三～五八一年）的一首詩中表現無遺：

南梁　庾信，〈梅花〉

臘月半　已覺梅花闌
不信今春晚　俱來雪裡看
樹動懸冰落　枝高出手寒
早知覓不見　真悔著衣單

同樣是下雪天，南朝世族手伸出來就覺得冷，急著賞梅花又後悔穿的衣服太單薄；北方那種「風勁角弓鳴，將軍獵渭城」、「大雪滿弓刀」的場景，在南朝世族的生活裡確實很難見到。

由於南朝世族不把皇室放在眼裡，禮制上皇家才能有的建築，世族照樣擁有，尤其是墓園。當時世族的墓規模甚大，舉凡墓道、石室、石獸、碑銘等等皆備，等同皇室規格。南朝政府也曾屢次下令禁止，但中央力量薄弱，自信不足，始終是禁者自禁，建者自建的狀況。這點對世族而言十分重要，因為墓園正是家族地位與傳承的代表，當然絕對馬虎不得，至於國家的禁令，那是「刑不上大夫」的，根本不用擔心。

知識分子的隱居生活

南朝政權更迭迅速，戰亂連綿不絕，面對黑暗危險的政治局勢，許多知識分子選擇隱居，稱為隱士。這些隱士固然都在隱居，但其生活卻千姿百態，差異極大，有的十分富足，擁有大量土地、莊園、佃農與奴婢；有的雖然必須親自耕種，卻也擁有土地、房屋。依照中共的階級劃分標準，前者如謝靈運、王僧達，必然歸入「地主」階級；後者如陶淵明，則可以歸入「富農」階級，至少也是「中農」階級。總之，東晉與南朝的許多隱士並不符合一般「隱士清貧」的觀念，對於這些隱士來說，人生的重點在於「隱」，只要在家度日，符合不出仕的「隱」，就是隱士，與生活富裕、自足或清貧無關。

對於隱士而言，在俗世爭名逐利、求官求祿是卑鄙汙濁而可恥的，因此才決定遠離官場，歸鄉隱居。然而人總要生活，也會追求生活的安適與充裕，隱士並不例外。既然隱士是可以做官而不做官，他們就必然是讀書人，通常家裡不至於一窮二白，貧無立錐之地。實際上從現有資料裡看到的南朝隱士，有錢有勢的大有人在，其他的至少也有足堪溫飽的田園土地，並非無產階級。南朝時富裕的莊園主型隱士不只謝靈運，像南朝初年的陶淡，祖父是晉朝太尉陶侃，家資豐厚，僮僕門客數百人，他絕不出來做官，喜好道家的導引養生術，十幾歲時就開始鍛鍊「辟穀」（斷食），追求長生成仙之道，是名符其實的富裕道教信徒隱士。南梁時的劉峻字孝標，曾注解《世說新語》，也是一位著名的隱士，著有〈東陽金華山棲志〉一文，詳細記述他的隱居生活，雖然沒有謝靈運的偉大，仍然是〈山居賦〉的袖珍翻版：

……竹外則有良田，區畛通接。山泉膏液，鬱潤肥腴。鄭白決障，莫之能擬。致紅粟流溢，鳧雁充厭。春鶩旨膳，碧雞冬蕈，味珍霜鵽，鷇中取於丘嶺，短褐出自中園。

（按，此文難以用同樣充滿音律感的白話文翻譯，只得保留原貌，幸好節錄的部分都不算太艱深，請自行體會其意。）

做為隱士的劉峻米多到吃不完發紅了，都沒地方放，還不時來一些燒烤野雁燉鱉佐冬菇，日子的確過得不錯。

隱士中比較貧窮的，可以用陶潛做代表。這位大名鼎鼎的淵明先生有五首〈歸園田居〉詩，是隱士抒發心聲的名作，其中第一首就說：

東晉至南朝　陶潛，〈歸園田居〉五首其一

方宅十餘畝，草屋八九間。榆柳蔭後檐，桃李羅堂前。

陶淵明自述他隱居的家宅占地十餘畝，約是中國古代授田制下標準小農家「五畝之宅」的三倍，可見這個家庭人口較多，應該並不是只有夫妻與未成年子女的「核心家庭」。陶淵明曾出仕為彭澤縣令，《南史．陶淵明傳》說他就任時，「送一力（按，僕役）給其子」，附家書一封，其中兩句名言，千古流傳：「此亦人子也，可善遇之。」可見他家裡本有僕人，而且可能不只一個。出任知縣後分到三頃公田，陶淵明下令全部種秫稻，他的妻子堅持請求種粳稻，他才妥協為二頃五十畝種秫稻，五十畝種粳稻。古代秫稻碾製成糯米，用以釀酒，粳稻碾製的粳米用以煮飯。陶縣令以六分之五的公田生產糯米供他釀酒，只用六分之一的田生產煮飯的粳米，應該不夠他們全家吃，他家的糧食供應必然另有來源。

就隱士而言，陶淵明確實是隱士群體裡相當貧困的，他「不為五斗米折腰」，歸隱後一直親自耕田，正如〈歸園田居〉詩的第三首所述：

> 種豆南山下，草盛豆苗稀。晨興理荒穢，帶月荷鋤歸。
> 道狹草木長，夕露沾我衣。衣沾不足惜，但使願無違。

這種在辛苦工作中的灑脫開朗，一般認為是隱士應有的本色，也是陶淵明受到千古敬佩與嚮往的原因。陶淵明就人品、道德與格局說，都超然於那些坐擁巨型莊園的富貴隱士之上；然而他的〈歸去來辭〉開頭就是：「歸去來兮，田園將蕪，胡不歸？」明白表示他本來就有田有園，擁有相當數額的地產。他這樣的隱士本來應該自給自足，只是他太愛喝酒，消費大，才會入不敷出，時常感到貧窮。

自足型的隱士雖然不至於生計窘迫，經濟也不會寬裕，如果同時篤信佛教或修練道術，就可能成為素食者。《南北朝雜記》記載：

汝南周禺，隱居鍾山，長齋蔬食。王儉謂之曰：「卿在山中，何所啖食？」答曰：「赤米白鹽，綠葵紫蓼。」又曰：「菜何者最美？」禺曰：「春初早韭，秋暮晚菘。」

（汝南人周禺隱居於鍾山，長期素食。王儉對他說：「您在山裡都吃什麼？」回答說：「紅米白鹽，綠葵紫蓼。」又問：「哪種菜最美味？」周禺說：「初春時早生的韭菜，暮秋時晚生的白菜。」按，蓼，指多種蓼科蓼屬的植物，葉披針形，花淡紫色、淡紅色或綠色，果實卵形或扁形，莖葉有辣味，細嫩部分可食。菘，十字花科植物，即白菜。）

家庭生活：大家族的改變

東漢時代以「兄弟不分產，世代聚族而居」為倫理道德原則，更是察舉制度的評判標準。此處所謂「產」主要指土地房產而言，但也包括男女奴隸。

東漢末年以迄三國、兩晉，天下大亂，戰亂不絕，人民流離各地，家族分散者甚多。無數核心家庭（夫妻與未成年子女組成的小家庭）到達新土地後各自謀生，等於東漢原有的家族秩序被戰爭與流亡的暴力拆散，使人們在思想觀念上，家族主義的色彩漸淡，個人主義得到發展。

南方經過東晉一百年後，僑姓家族人口眾多，早已非聚族而居，吳姓家族受其影響，也分家成風。分家後各房發展不一，差異導致各種利害關係，於是同一家族內部各家庭間的糾紛層出不窮。《宋書．周朗傳》說，到劉宋時，世家大族父母尚在而兄弟已經分家的，十家就有七家，嚴重的生死危亡都不知道，飢寒不互相幫助，還忌妒誹謗，彼此殘害，不計其數。《文選》中南梁時任昉寫的〈奏彈劉整〉一篇奏章，詳細描述了一段家族內部的紛爭，可以做為代表性的案例：

南梁　任昉，〈奏彈劉整〉（節錄）（《文選》卷四十）

……謹案齊故西陽內史劉寅妻范，詣臺訴列稱：出適劉氏，二十許年。劉氏喪亡，撫養孤弱，叔郎整，常欲傷害侵奪。分前奴教子、當伯，並已入眾。……又奪寅息逡婢綠草，私貨得錢，並不分逡。寅第二庶息師利，去歲十月往整田上經十二日，整便責范米六碭哺食。米未展送，忽至戶前，隔箔攘拳大罵，突進房中，屏風上取車帷準米去。二月九日夜，（按，劉整的）婢采音偷車欄夾杖龍牽，范問失物之意，整便打息逡。整及母並奴婢等六人來至范屋中，高聲大罵，婢采音舉手查范臂。

（……臣恭敬地說明，已故齊朝西陽內史劉寅的妻子范氏，向官府控訴稱：嫁到劉家二十多年，劉寅去世後撫養小孩。小叔劉整，常常想傷害孤兒寡婦，侵奪財產。從前劉寅分家時分到名為「教子」、「當伯」的兩個奴隸，都已經交還家族。……劉整又搶走屬於劉寅兒子劉逡，名叫「綠草」的婢女，私下賣掉，所得的錢也不分給劉逡。劉寅的第二個庶子劉師利，去年十月幫劉整種田十二天，劉整就要范氏送六斗米抵伙食。米還沒送過去，劉整忽然到家門口，隔著門簾揮拳大罵，又衝進房中，從屏風上拿走車帳抵米而去。二月九日晚間，劉整名叫「采音」的婢女偷走車欄杆、拐杖和車，范氏問到丟東西的事，劉整便責打劉逡。劉整和他母親以及奴婢共六人來到范氏屋中，高聲大罵，婢女采音伸手抓住范氏的手臂。）

……臣等參議，請以見事免整所除官，輒勒外收付廷尉法獄治罪。

（……臣等商議，請以這些事罷免劉整已被任命的官職，勒令逮捕，交司法部審判治罪。）

這篇文章敘述劉氏家族內部的紛爭極為精彩，讀起來彷彿那些人物與事件活生生地眼前搬演。以劉氏家族的情況論，可謂家產早就分掉，各房親情全無，只剩唯利是圖，斤斤計較，稍有不滿便威嚇暴力齊來。依照任昉的調查，劉整一家就是個暴力集團，專門欺負同族的孤兒寡婦，甚至劉整家一個奴隸身分的婢女，還敢出手抓住對方女性家長的手臂。這種以下犯上的行為，如果發生在秦始皇、王莽或東漢光武帝劉秀的時代，後果將會很嚴重，當事人也應該不敢；但這裡是南朝，它們就這樣發生了。

《顏氏家訓》裡這類南朝家族內部狀況的記載也有不少。透過這部書，我們可以看到更多南朝家庭生活的各種面向，例如：

南朝民間已經有周歲幼兒「抓周」的風俗，當時稱為「試兒」，這天也是家族聚會歡宴的日子。

江南的婦女彼此幾乎沒有來往，親家之間有的十幾年還不認識，只用信件和禮物互相致意。

男子喪妻後往往不再娶，只以妾主管家事，妾既無繼母的地位，生的兒女又是庶出，於是元配的子女比較能獲得保障，不致被繼母虐待。

梁元帝時有一位中書舍人治家太過嚴苛，結果他的妻、妾竟然收買刺客，趁丈夫酒醉熟睡時殺了他。

有位女婿冬至後去拜訪岳父，老丈人十分吝嗇，只準備一銅瓶酒、幾片麞肉招待，女婿不滿太草率，拿起來就吃光喝淨。岳父驚愕，女婿則請求再添些，這樣來回好幾次。岳父找女兒說：「那個年輕人喜歡喝酒，所以妳常常很窮。」顯然女兒的嫁妝也給得很少。後來這位岳父死了，他的幾個兒子爭奪遺產，哥哥把弟弟殺掉。

畢竟即使是杏花煙雨的環境，人性仍然不變，南朝家庭裡一幕幕的悲喜劇，便這樣在一百七十年裡不斷上演。

南朝民歌中的南朝生活

南朝在中國歷史上以民歌著稱，現在還留存近五百首。南朝民歌分為「吳聲歌曲」和「西曲」兩大類，前者產生於都城建康及周圍地區，這一帶習稱為吳地，故其民間歌曲稱為「吳歌」；後者產生於長江、漢水流域的荊（今湖北江陵）、郢（今江陵附近）、樊（今湖北襄樊）、鄧（今河南鄧縣）等幾個主要城市，是南朝西部重鎮和經濟文化中心，故其民間歌曲稱為「西曲」。北魏孝文帝、宣武帝時出兵南侵，俘獲這兩種歌曲的樂譜、樂器及樂工，帶回北方，從此將兩種南方的歌曲總稱「清商」，成為南朝民歌的另一名稱。南朝民歌的資料，主要保存於宋代郭茂倩編的《樂府詩集》一書的「清商曲辭」類中。

南朝民歌若從歌詞看，大部分是女子唱的情歌，出於女性口吻，歌中女子則幾乎都屬於南朝社會的中下層，而且往往很年輕，或是回憶年輕時的情事，身分則大多為農家女、商家婦、船户女、妓女等，因此這些民歌成為我們了解南朝基層社會與男女交往狀況的重要指引。以下分別敘述吳歌、西曲。

吳歌

依照《宋書．樂志一》，吳歌主要包括以下幾種曲調，今列舉曲目及歌詞數例，並加以說明：

〈子夜歌〉

相傳是一個名叫「子夜」的女子所造，歌聲悲哀，傳說還被女鬼唱過。

宿昔不梳頭，絲髮披兩肩。婉伸郎膝上，何處不可憐！

攬枕北窗臥，郎來就儂嬉。小喜多唐突，相憐能幾時？

〈子夜四時歌〉

這是〈子夜歌〉的變曲，以四時景物為襯托，四段並陳，每段四句，比〈子夜歌〉更為精緻，有幾篇還引用典故與前人詩句，應該是出於文士之手或經他們修飾過。

光風流月初，新林錦花舒。情人戲春月，窈窕曳羅裾。（春歌）

青荷蓋淥水，芙蓉葩紅鮮。郎見欲采我，我心欲懷蓮。（夏歌）

秋風入窗裡，羅帳起飄揚。仰頭看明月，寄情千里光。（秋歌）

昔別春草綠，今還墀雪盈。誰知相思苦，玄鬢白髮生。（冬歌）

〈讀曲歌〉

「讀」或作「獨」，是不配樂的清唱歌。此曲民間風格濃厚，歌詞質樸，感情直接而強烈，像這首就把男女夜間幽會的情景毫不保留地說出，直追《詩經・鄭風・女曰雞鳴》篇的：「女曰雞鳴，士曰昧旦。子興視夜，明星有爛。」

打殺長鳴雞，彈去烏臼鳥。願得連冥不復曙，一年都一曉。

一夕就郎宿，通夜語不息。黃蘗萬里路，道苦真無極。

〈懊儂歌〉

「懊儂」即吳語「懊惱」之意，幾乎都是失戀的悲歌，以質樸風格表現，例如被甩了就直接說「情郎如今果然在騙我」。

我與歡相憐，約誓底言者？常嘆負情人，郎今果成詐。

月落天欲曙，能得幾時眠。淒淒下床去，儂病不能言。

〈華山畿〉

為〈懊儂歌〉的變曲。相傳華山（在今江蘇境內，非陝西華山）有一女子殉情而死，死前作此歌。此歌與梁山伯、祝英台傳說中的「英台哭山伯墓，墓為之開」情節類似，二者或許有關。

> 華山畿，君既為儂死，獨生為誰施！歡若見憐時，棺木為儂開。
> 啼著曙，淚落枕將浮，身沉被流去。

〈神弦歌〉是江南民間的祭神歌，歌詞描述的神靈往往具有人類的姿容和情感，頗類似《楚辭》中的〈九歌〉。

> 積石如玉，列松如翠。郎豔獨絕，世無其二。（〈白石郎曲〉）
> 開門白水，側近橋梁。小姑所居，獨處無郎。（〈青溪小姑曲〉）

唐代大詩人李商隱以無題詩著名，他有一首無題詩中，就赫然出現「小姑居處本無郎」這個句子，受南朝民歌影響之深，由此可見。

其他如〈阿子歌〉，緣起於東晉穆帝時，兒童相聚唱歌，一曲唱畢，往往大呼「阿子！汝聞不？」（孩子！你聽見沒有？）因而得名，南朝時仍流行。〈督護歌〉屬於哀歌，緣起於劉宋武帝的大女婿彭城內史徐逵之被魯軌所殺，武帝派督護丁旿收殮埋葬。武帝的長女特別叫丁旿到閣樓下，親自問辦理喪葬的事。這位公主每次發問，都要嘆息一聲，叫道：「丁督護！」聲音哀切，後來有人受到感動，作曲作詞，這種歌因此得名。

〈西曲歌〉

今存一百三十餘首，大部分是舞曲，多由文人在民歌的基礎上製作；小部分是「倚歌」，這是一種用鈴鼓與吹奏樂器伴奏的歌，不用弦樂器伴奏。西曲的歌詞多數出於民間，也甚為淺近直白，有的內容還極為激烈，自殺的情節都出現過，例如：

> 日從東方出，團團雞子黃。夫歸恩情重，憐歡故在傍。
> 暫請半日給，徙倚娘店前。目作宴瑱飽，腹作宛惱饑。
> 我昨憶歡時，攬刀持自刺。自刺分應死，刀作離樓僻。
> 陽春二三月，諸花盡芳盛。持底喚歡來，花笑鶯歌詠。

有些西曲還有本身的名字，例如：

感郎崎嶇情，不復自顧慮。臂繩雙入結，遂成同心去。（〈西烏夜飛〉）
送歡權橋梁，相待三山頭。遙見千福帆，知是逐風流。（〈三洲歌〉）
夜來冒露雪，晨去履風波。雖得敘微情，奈儂身苦何。（〈夜度娘〉）
布帆百餘幅，環環在江津。執手雙淚落，何時見歡還。（〈石城樂〉）
聞歡下揚州，相送楚山頭。探手抱腰看，江水斷不流。（〈莫愁樂〉）
遠望千里煙，隱當在歡家。欲飛無兩翅，當奈獨思何。（〈烏夜啼〉）
朝發襄陽城，暮至大堤宿。大堤諸女兒，花豔驚郎目。（〈襄陽樂〉）

女主角在江邊送別、守候、思念情人是西曲常見的題材。南朝領域中，長江、漢水在荊州交會，長江是南朝東西方向最重要的交通與貿易管道，聯繫江南與荊州，漢水則是前往南朝西北方邊區的要路，這兩條大江也承載著無數南朝情侶、夫婦的情感，化為一首首西曲。

漢水交通繁忙，江邊餐飲、娛樂事業隨之興起，南朝時距離襄陽（今湖北襄陽）以南大約一天行程的漢水邊，有一處名為「大堤」的地方，是行旅往來必經之地，遂形成娛樂業與色情業中心，「粉味」十足。上述的〈襄陽樂〉正是這地方的寫照，南齊時劉孝綽有一首詩，名字就叫做〈遙見隣舟主人投一物，眾姬爭之，有客請余為詠〉，可能就是此地的實際場景。

南梁簡文帝蕭綱居然也曾以此地為題材，寫過一首詩，收錄在《玉臺新詠》中：

南梁　簡文帝蕭綱，〈大堤〉

宜城斷中道，行旅亟流連。
出妻工織素，妖姬慣數錢。
炊雕留上客，貰酒逐神仙。

依照蕭綱的描述，大堤容納了不同型態的女性，從靠紡織手藝自食其力的離婚婦人，到收慣鉅額纏頭之資的妖嬌名妓都有，買醉的男客人們也快樂似神仙，真是一派繁華熱鬧、紙醉金迷的景象。

從南朝詩歌看南朝生活

從南朝民歌與《玉臺新詠》所列詩歌的內容看，南朝時許多人注重生活的快樂、追求感情的滿足，不再理會傳統禮教與社會規範，男女都如此。此因東漢末年以來，傳統道德規範失去約束力，於是魏晉南北朝的人表現出思想開放、行為遂性等特色，充滿浪漫氣氛。干寶在《晉紀．總論》裡說晉代的女子是：

先時而婚，任情而動，故皆不恥淫逸之過，不拘妒忌之惡。有逆于舅姑，有反易剛柔，有殺戮妾媵，有黷亂上下，父兄弗之罪也，天下莫之非也。

南朝民歌不論出自基層民眾或由文人潤飾，都充滿對男女之情的詠嘆，其中表現的男女交往與愛情，又常不是夫妻之間的鶼鰈情深，而出現許多私下愛慕、露水姻緣、偷情幽會、不倫之戀、妓家風情等等內容，足以顯示在從晉代開始的人性解放背景下，社會風氣一直未曾改變，傳承到南朝時，更已經蔓延至從上到下的各個社會階層，成為南朝人生活的普遍現象，也才會有《玉臺新詠》這樣的士大夫詩歌集出現。

南朝民歌以情歌為多，甚至包括同性戀。例如《玉臺新詠》裡蕭綱的這一首：

南梁　簡文帝蕭綱，〈**孌童**〉（**節錄**）

孌童嬌麗質，踐董復超瑕。……妙年同小史，姝貌比朝霞。
袖裁連璧錦，牋織細橦花。攬袴輕紅出，廻頭雙鬢斜。
嬾眼時含笑，玉手乍攀花。懷猜非後釣，密愛似前車。
足使燕姬妒，彌令鄭女嗟。

此詩中的「董」指董賢，「瑕」指彌子瑕，分別是「斷袖」與「餘桃」這兩個中國古代著名男同性戀典故的一方。

即使歌詠的內容是在婚姻關係中，南朝也有不少對「怨婦」的描述，如：

南齊　柳惲，〈**江南曲**〉

汀州採白蘋，日落江南春。洞庭有歸客，瀟湘逢故人。
故人何不返，春華復應晚。不道新知樂，且言行路遠。

此詩歌替一位丈夫遠行到湖南，卻很久未曾歸來的妻子發言。敘述她遇到一位從洞庭湖回到江南的人，在湖南認識她丈夫。做妻子的就問丈夫為何還不回來？春天的花季都快過去了，這當然是雙關語，也代表她自己的青春。在不願傷她心或「男男相護」之下，這位男士隱瞞了她丈夫在那「湘女多情」之地另結新歡的實情，只是說路太遠了。全詩短短八句四十個字，道盡南朝人的愛怨情仇、悲歡離合。

怨婦在南朝有可能變成蕩婦，請看這首詩：

南梁　王臺卿，〈蕩婦高樓月〉

空度高樓月，非復五三年。

何須照床裡，終是一人眠。

二十個字後戛然而止，意在言外，留下許多想像空間。

這種社會風氣的持續與普遍，與南朝帝王將相的娛樂休閒生活有很大的關係。南梁時裴子野撰《宋略》，其中說劉宋時皇帝往往奢侈浮華，導致群臣競相仿效，「王侯將相，歌伎填室，鴻商富賈，舞女成群。」而且互相比賽，唯恐不及，以致社會基層也有樣學樣，充滿得過且過、及時行樂的氣氛。南朝劉宋文帝是圍棋高手，曾跟羊元保下棋，開玩笑以宣城太守的官位做為賭注。南朝官員中具有音樂、藝術或遊戲才華的不少，以清高為尚的世家大族多擅長書法、繪畫、彈琴、圍棋等，寒門或武將家族出身的，也有像沈文季這樣既擅長彈琵琶，又是彈棋（按，中國古代遊戲，使用圍棋子在棋盤上互彈，類似彈珠）高手的人物。這種情況在南朝後期達到高潮，使當時出現以歌詠宮中豪華生活與男女感情為題材的「宮體詩」，極盡豔麗綺靡之能事。

南朝人說話、吟詩、唱歌時用的語言，也因身分而有差別。東晉南渡以來，僑姓世族保持西晉時首都洛陽的發音，稱為「雅言」，後來漸漸摻雜一些江南的發音，南朝時首都建康的官場上都說這種話，稱為「金陵之音」。吳姓人士當然有他們的母語，稱為「吳語」或「吳音」。後來隨著吳姓世族出仕做官，使用「雅言」的人漸漸增多，但民間仍通行吳語，吳歌自然也用吳語唱出。

看過這許多南朝人的生活後，如果就說南朝從上到下每個人都在吃喝玩樂，那當然不盡然。在那樣一個外族武力虎視眈眈，外來宗教大舉傳播的時代，自然有一批憂國憂民憂文化之士，在各種領域孜孜矻矻地研究、思辯與撰述。他們的成果，構成南朝思想面與技術面的文化，就是我們下一章探訪的目標。

資料出處

《宋書》禮志、樂志、周朗傳
《南史》陶淵明傳、謝靈運傳
《藝文類聚》
《荊楚歲時記》
《玉臺新詠》
《南北朝雜記》
《文選》
《顏氏家訓》
《樂府詩集》清商曲辭

《全梁文》
《晉紀》總論
《宋略》（存於《全梁文》）

第五章 精緻優美的南朝文化

算圓周，辯神滅，儒玄文史釋道醫

江南春

唐 杜牧

千里鶯啼綠映紅，
水村山郭酒旗風；
南朝四百八十寺，
多少樓臺烟雨中。

〈憶江南〉

神滅否 著論辯滔滔
星曆機工出綴術 儒玄釋道蔚思潮
本草驗丹膏

南朝當然不是只有世族享樂、親戚奪產、孌童回眸、妖姬數錢，否則它應該持續不了那樣久。南朝能成為中國歷史上承先啟後的重要階段，從它文化的成就與特色上才可以真正看出。

南朝文化

東漢末年中國原有的秩序大崩解，在政治、社會之外，也包括思想、文化各方面。經過魏晉二百年的演變，加上長久偏安南方的地緣影響，南朝發展出獨具特色的高度文化，精緻而優美，總體而言勝於北朝。南朝文化在經學、文學、史學、哲學、宗教以及藝術、科學等方面都有不凡的表現，對後代影響深遠。

學術

南朝初年，劉宋文帝開始建立國家學府，到宋明帝時擴大規模，稱為「聰明觀」，下設四個學館，分別教授儒學、玄學（包括《易經》、《老子》與《莊子》）史學與文學，當時還想延聘師資，開設陰陽學課程，卻找不到適合的人選，只得作罷。這種教育體系與教育內容說明，經過魏晉二百年後，南朝的學術範圍與文化氛圍都已經與漢朝時大不相同。南朝的國家最高學府居然教授玄學，而且與儒學並列，地位平等，比起漢朝的罷黜百家，獨尊儒術，演變最為劇烈；文學與史學也成為國家正式的課程，可見當時政府同樣重視這兩個學術領域。相反地，陰陽學竟找不到人教，正反映這個領域「人才」的缺乏。漢朝動不動就訴諸讖緯的那一套，到此時已趨向沒落，雖然南朝歷代皇帝篡位時仍免不了出現勸進的符瑞；但已經沒有王莽篡漢、劉秀稱帝時的那種威力。

在此種學術文化環境下，南朝讀書人在學術上研究的，不外乎儒、玄、文、史四門學問。茲選擇數題分論。

經學

南北朝時儒家經學雖然已經不是唯一的學問，但仍在持續發展，並因南北對立與隔絕，呈現各自的特色。

《隋書．儒林傳序》說南北朝時的經學是「南人約簡，得其英華；北學深蕪，窮其枝葉」。顯示北方經學墨守東漢經師的家法，對訓詁章句講解明細，卻不敢提出新解釋，學風保守。南方經學則在言論自由的基礎上闡發經義，大家提出自己的心得，勇於討論問題。北方經學也嚴守漢代獨尊儒術的傳統，排斥道家玄學；南方經學則兼採玄學與佛教理論，學風較為開放。

玄學家崇尚清談，佛教高僧則聚徒講經，南朝時清談和佛教的討論方式影響到儒生。南梁時盛行邀請大儒登座講經，聽講人數有時多達千餘人。這種學術演講都有專人負責記錄，記錄的稿子稱為「講疏」或「講義」。梁武帝就曾親自講過《周易》、《中庸》，還留下《周易講義》、《中庸講疏》等。

儒、佛之爭

南朝時思想界與宗教界的背景是佛教在中國大舉傳播，道教也建立發展，玄學、清談仍然在士大夫中流行，劉宋劉義慶的《世說新語》即此種思想背景與社會風氣下的產物。儒、佛、道教間的競爭既然無法避免，這些爭鬥在知識界遂常以哲學思辯的方式進行。

魏晉以來，社會上出現儒家、玄學、佛教、道教並存的狀態。這四派在競爭時可分為兩個壁壘，一邊以儒學為主，道教往往追隨儒學；另一邊則以佛教為主，玄學往往追隨佛教，故南朝的思想競爭，主要表現為儒、佛之爭。有趣的是，當時佛教徒幾乎都主張調和儒、佛；道教徒則因反對佛教，幾乎都依附儒家。例如佛教徒學者沈約撰〈均聖論〉，提倡「內聖（佛）外聖（周公孔子），義均理一」的說法，亦即內心的修養靠佛教，完成外在治國平天下的事功則靠儒家，就是這種思想的表現。對此，道教學者陶弘景提出〈難沈約均聖論〉，站在儒家立場堅決反對，正代表南朝佛教極盛時，道教徒選擇依附儒家以對抗佛教的狀況。此文收錄於《全梁文》。

儒、佛之爭涉及「華夷之分」與禮制等問題。當時佛教僧侶不願對皇帝與父母下拜，儒家認為，僧侶不拜父母和皇帝，就是否定儒家倫理，想用外來蠻夷的思想控制中國，而且此例一開，難保沒有其他人援引比附，則朝廷將不成其為朝廷，國家也不成其為國家；然而從佛教的觀點看，身為僧侶，就已經辭別俗世出家，再去對皇帝下拜，等同又回到俗世，有悖出家原則，而且一旦僧侶開始拜皇帝，其他的改變勢必隨之不斷到來，最後僧尼將不成其為僧尼，佛教也不成其為佛教。佛教僧侶拜或不拜皇帝因此成為南朝基本且尖銳的問題，這種爭端稱為「沙門不敬王之爭」。儒、佛兩派從東晉起就此不斷爭執拉扯，迫使南朝的皇帝也必須做出抉擇。南朝時劉宋孝武帝下令佛教僧侶見皇帝要跪拜，他的兒子宋廢帝則將父親的命令廢除，後來梁武帝大舉崇佛，佛教僧侶不拜皇帝也大致確立，可稱佛教在中國的一次勝利。

哲學思辯

「沙門不敬王之爭」屬於實務層面，南朝最根本的儒、佛爭端則發生在「神滅論」與「神不滅論」之間，屬於理論層面。

東晉以來，儒家正統派思想家眼看在實務面無法遏止佛教，遂將戰場提高到哲學層次，與佛教就基本理論進行論戰，用「神滅」之說挑戰佛教的「神不滅」理論。南朝劉宋時，此種理論的鬥爭漸趨尖銳，到南梁時范縝作〈神滅論〉，引起廣泛討論與注意，成為儒、佛之爭的高潮。

傳統儒家在平時對鬼神持「不可知論」，孔子的「未能事人，焉能事鬼？」「未知生，焉知死？」是其代表，「朝聞道，夕死可矣」，更顯示儒家重生輕死的精神。因為這種尚實的學風，造成傳統儒家缺乏形而上的宇宙論與對精神現象方面的研究，更談不上理論。佛教傳來中國，恰好彌補上這個思想的空缺，遂在知識界得到重大發展，「神不滅論」則是佛教此方面的根本依據。

對南朝的傳統儒家知識分子而言，佛教的理論、組織與傳播，已經使儒家在知識界與平民社會間都遭受嚴重威脅，於是採取釜底抽薪之策，主張無鬼、無靈魂論，以瓦解佛教輪迴說的基礎。南朝劉宋時何承天反對輪迴說，作〈達性論〉，說：「生必有死，形斃神散，猶春榮秋落，四時代換，奚有於更受形哉！」到南齊時竟陵王蕭子良是虔誠的佛教徒，提倡佛教不遺餘力，儒家思想家受到更大的刺激，不久就出現范縝的〈神滅論〉。蕭子良曾召集名士蕭衍（後來的梁武帝）、沈約、范縝等來竟陵王府作客清談，蕭子良早知范縝的立場，就要求不信因果的范縝說明為什麼人有富貴貧賤？范縝回答，世人無數，可比樹上開的許多花，風來花飄落，有的掉在茵席上，有的掉到糞坑裡。蕭子良無法反駁，但很不滿意范縝的回答。范縝因此寫作出〈神滅論〉。

在〈神滅論〉中，做為一個南朝儒家思想家與南梁政府官員，范縝主要在哲學理論上與佛教辯論，希望在哲理上壓倒佛教，取得基本理論的勝利，另一方面也不忘以儒家傳統的實務觀點，就政治、經濟、社會等實務面，對佛教提出質疑。〈神滅論〉採取正反雙方互相辯論的方式行文，言詞尖銳而析理精細，雙方反覆深入提問、辯駁與解答，多至七、八次；但雙方始終保持嚴肅的態度，不動意氣、不謾罵，不做人身攻擊，堪稱思想家議論時的良好模範，可以比擬古希臘哲學家的對話錄。南朝思想之發達，由此可見一斑。

補充說明

范縝，〈神滅論〉選譯

或問予曰：「子云神滅，何以知其滅也？」答曰：「神即形也，形即神也。是以形存則神存，形謝則神滅也。」

（有人問我說：「你說神會消滅，怎麼知道它會消滅的？」回答說：「神就是形，形就是神。所以形存在則神存在，形凋謝則神消失。」按，此文中「神」有「精神」、「意識」、「靈魂」等含意；「形」有「形體」、「身體」等含意。）

問曰：「形者無知之稱，神者有知之明。知與無知，即事有異；神之與形，理不容一。形神相即，非所聞也。」答曰：「形者神之質，神者形之用，是則形稱其質，神言其用，形之與神，不得相異也。」

（發問說：「『形』是沒有知覺的東西的名稱，『神』是有知覺的靈明表現。有知覺與無知覺，兩件事是有差異的；神與形，按道理不能容許成為一個。形和神合為一體，沒聽說過。」回答說：「形是神的實質，神則是形的作用，因此形是說它的實質，神是說它的功用，形與神，是不能夠有差異的。」）

問曰：「神故非質，形故非用，不得為異，其義安在？」答曰：「名殊而體一也。」

（發問說：「神果然不是實質，形果然不是作用，不能夠有差異，道理在哪裡？」回答說：「名字不一樣而本體一樣。」）

問曰：「名既已殊，體何得一？」答曰：「神之於質，猶利之於刃；形之於用，猶刃之於利。利之名非刃也，刃之名非利也。然捨利無刃，捨刃無利。未聞刃沒而利存，豈容形亡而神在？」

（發問說：「名字既然不同，本體怎能一樣？」回答說：「神對於實質，就像鋒利對於刀刃；

形對於作用，就像刀刃對於鋒利。鋒利的名字不是刀刃，刀刃的名字不是鋒利。然而捨棄鋒利就沒有刀刃，捨棄刀刃就沒有鋒利。沒聽過刀刃沒有了而鋒利還在，怎能有形消失而神存在？」）

問曰：「刃之與利，或如來說；形之於神，其義不然。何以言之？木之質無知也，人之質有知也。人既有如木之質，而有異木之知，豈非木有其一，人有其二邪？」答曰：「異哉言乎！人若有如木之質以為形，又有異木之知以為神，則可如來論也。今人之質，質有知也；木之質，質無知也。人之質，非木之質也；木之質，非人質也；安有如木之質而復又異木之知哉？」

（發問說：「刀刃對於鋒利，或許像你剛才說的；形對於神，意義不是如此。為什麼這樣說？木頭的實體是沒有知覺的，人的實體是有知覺的。人既然有像木頭的實體，而還有異於木頭的知覺，難道不是木頭有一種東西，人有兩種東西嗎？」回答說：「這話奇怪呀！人如果有像木頭的實體做為形，又有異於木頭的知覺做為神，那就可以如同你剛才說的。現在人的實體，這種實體是有知覺的；木頭的實體，這種實體是沒有知覺的。人的實體，不是木頭的實體啊；木頭的實體，不是人的實體啊；哪裡有像木頭的實體而又不同於木頭的知覺呢？」）

問曰：「人之質所以異木質者，以其有知耳。人而無知，與木何異？」答曰：「人無無知之質，猶木無有知之形。」

（發問說：「人的實體之所以和木頭的實體不同，是因為有知覺罷了。人如果沒有知覺，與木頭有什麼差異？」回答說：「人沒有不具知覺的實體，就像木頭沒有具有知覺的形。」）

問曰：「形即是神者，手等亦是神邪？」答曰：「皆是神之分也。」

（發問說：「形就是神的話，手這類的也是神嗎？」回答說：「都是神的部分。」）

問曰：「若皆是神之分，神既能慮，手等亦應能慮也？」答曰：「手等能有痛癢之知，而無是非之慮。」

（發問說：「如果都是神的部分，神既然能思慮，手這些也能思慮啦？」回答說：「手這些能有痛、癢的知覺，而沒有是非的思慮。」）

問曰：「知之與慮，為一為異？」答曰：「知即是慮，淺則為知，深則為慮。」

（發問說：「知覺與思慮，是一樣或不一樣？」回答說：「知覺就是思慮，粗淺的就是知覺，深刻的就是思慮。」）

問曰：「若爾，應有二慮。慮既有二，神有二乎？」答曰：「人體惟一，神何得二？」

（發問說：「如果這樣，應該有兩種思慮。思慮既然有兩種，神也有兩種嗎？」回答說：「人體只有一個，神怎能有兩個？」）

問曰：「若不得二，安有痛癢之知，復有是非之慮？」答曰：「如手足雖異，總為一人。是非痛癢雖復有異，亦總為一神矣。」

（發問說：「如果不能是兩個，怎麼能有痛癢的知覺，還有是非的思慮？」回答說：「像手、腳雖然不同，總合起來構成一個人。是非、痛癢雖然還有差異，也總合為一個神了。」）

此文一出，大為轟動，導致南梁在幾年後發生一場神滅大論戰。當時梁武帝篤信佛法，大力支持佛教，看到這篇文章後，起草一篇論文，以御筆名義發出，稱為〈敕答臣下神滅論〉。這篇文章收錄於《弘明集》，其中說：

> 淪蒙怠而爭一息，抱孤陋而守井榦，豈知天地之長久，溟海之壯闊？孟軻有云，人之所知，不如人之所不知。信哉！

（淪落到蒙昧怠惰去爭執一口氣，抱著孤陋寡聞守著井邊的木欄杆，怎麼會知道天地的長久、滄海的壯闊？孟軻曾說，人所知道的，不如人所不知道的。真是這樣啊。）

此文諷刺范縝是坐井觀天，又引用早期儒家學者的話「以其道還治其人之身」，說：「孟軻有云，人之所知，不如人之所不知。」然而這幾句話不見於《孟子》一書，在《莊子・秋水篇》中倒是有「計人之所知，不若其所不知」的句子。這裡是梁武帝引用錯誤，臣下知道的也不敢指出，還是南朝時《孟子》另有版本，就不得而知了。

不論如何，梁武帝以此駁斥神滅說，並將敕論致送臣下六十二人，眾臣接讀後紛紛覆書，極口贊同武帝的見解，圍攻范縝，梁武帝即以此做為這場爭議的結論。消息一出，南梁的吳興縣令王琰也決定「以范縝之道還治范縝之身」，撰文斥責范縝竟然不知道自己的祖先靈魂尚在，諷刺他不孝，違背儒家最基本的倫理道德；范縝則並不放棄他神滅的觀點，繼續答辯，還針對王琰反擊說，王先生既然知道祖先靈魂所在，何不自殺追隨祖先的靈魂？這場大辯論最後就在各說各話，誰也無法說服誰下不了了之。

梁武帝畢竟是有涵養的佛教徒皇帝，雖然范縝公然頂撞，梁武帝並未殺掉他，也沒有禁毀〈神滅論〉一文，當然這也可能有不願招致儒家學者與官員普遍不滿甚至反抗的考量。然而范縝仍然以「違經背親」（違反儒家經典、背棄祖宗雙親）的罪名，被判流放廣州，並不許再談神滅，可說是南朝一次輕微的宗教文字獄。雖然如此，范縝已經為儒家開闢出對宗教問題的思辨之路，此後以維護儒家正統自命的儒者，遇到靈魂等領域多持此說，儒家因此始終未曾宗教化，中國也始終沒有國教出現。

另一方面，經過儒、佛大論戰後，雙方都漸漸認知既實際無法，也沒有必要全面壓倒對方，於是儒家與佛教開始慢慢走上融合之路。《歷代名畫記》卷七記載，梁武帝時，大畫家張僧繇專畫寺廟的壁畫，曾在江陵天王寺牆壁上畫毗盧舍那佛，卻在旁邊配畫仲尼十哲像。梁武帝聞訊後問張僧繇，為何佛寺中要畫孔門聖賢？張僧繇回答，將來還得靠他，這正是儒、佛融合開端的表徵。從此以後，從印度傳來的佛教逐漸中國化，發展成為漢傳佛教；儒家也吸收佛教思想，建構自身的哲學體系，後來發展成為宋代的理學。

玄學

玄學是魏晉南朝時期的一種哲學思潮，以研究、解釋與闡揚《老子》、《莊子》和《周易》三部書為中心。「玄」做為名字，來自《老子》第一章〈眾妙之門〉中的「玄之又玄，眾妙之門」這兩句話。玄學崇尚老子、莊子；但加入位列儒家《五經》之一的《易經》，表示它是原屬儒家學派的人對道家思想的新體認，也是春秋戰國時代道家思想在魏晉南朝時出現的一種新解釋與新表現方式。

玄學可稱「玄遠之學」，它稱《老子》、《莊子》、《周易》為「三玄」，對其內容從事形而上的探討。對魏晉天下大亂時的儒家學者來說，傳統儒家「修身、齊家、治國、平天下」理想的可行性與價值，已經被冷酷的現實完全否定，只得在思想層面從儒家跳脫出來，重新尋找精神的寄託與思考的園地；換句話說，「入世」的人生觀變得不可行而且危險，「出世」的人生觀乃取而代之。於是他們將注意力轉到儒家以外的學說，當然他們不可能去鑽研墨家或法家學說，因為那是更積極的入世，結果春秋戰國時代的道家學說自然入選，玄學乃告成立。

玄學的探索以「天（自然）—人關係」為中心命題，用形而上的方式思考，擺脫漢代經學偏重章句訓詁的支離破碎與繁瑣重複，也揚棄深深滲透到漢代經學的陰陽家「天人感應」思想。玄學常常討論一些看來具有對立性質的主題，如「有—無」、「本—末」、「體—用」、「動—靜」、「名—實」、「言—意」、「夢—覺」、「一—多」、「本—跡」、「自然—名教」等，這樣才能使思想得到充分的活動，為玄學家所樂意進行。然而魏晉南朝的玄學家雖然「祖述老莊」，卻並未棄儒家如敝屣，他們認為儒家與道家思想可以，而且應該互相容納調和，漢朝儒家排斥道家是一大錯誤。

從魏晉到南朝，許多皇帝、貴族、高官、名士都通達甚至熱愛玄學，可以列出一長串的名單，包括梁武帝這樣虔誠的佛教徒在內。南齊正式將玄學納入國學，玄學更盛，到南梁時達到高峰。南齊的國家學府教授《周易》，採用三國時青年玄學家王弼（二二六～

二四九年）做的注解，成為中國自漢武帝以來，儒學以外唯一被國家認定為官學的學問。從王弼對《周易》的注解中，可以看出他對這本玄學經典的玄學式體認，例如他的乾卦注解說：

九，陽也。陽，剛直之物也。夫能全用剛直，放遠善柔，非天下至理，未之能也。（九是陽。陽是剛直的東西。如果全部採用剛直，放下柔和不管，並非天下至高的真理，也不可能做到。）

這種體認顯然適用於亂世，難怪到南朝會被官方採用，成為國學的課本。

南朝的玄學比起魏晉時代，已經有所不同。曹魏到西晉是玄學發展初期，充滿破壞精神，當時的玄學家往往用《老子》、《莊子》的理論檢討儒家、蔑視經學，提倡人應該讓感情自然流露，追求個性的自由，不理會禮節儀式與僵直的道德教化，深具叛逆色彩。然而兩百年以後，玄學到南朝時稜角幾乎已經磨平，只剩下當年的外在特徵，進入玄學成熟後的停滯期。南朝的玄學家仍然動不動就揮動麈尾，清談玄理；但同時行為端莊，盡可能不逾禮教，收斂起曹魏、西晉時那種放浪形骸、不受羈絆的激烈行為。由於他們大致只剩下對「竹林七賢」這樣當年盛況的追憶與感嘆，也就沒有留下什麼傳諸後世的深刻作品。

科技

南朝雖然人文風氣濃厚，卻並非每個讀書人都在「袖手談心性」，當時研究科學、創造技術者大有人在，科技也頗有成就，遍及天文、曆法、數學、醫學、藥學、機械工程等領域。

天文、曆法與數學

就天文與曆法言，南朝著名的研究者先有宋何承天，後有祖沖之。何承天出身天文世家，母舅徐廣觀測天象四十餘年，留有大量紀錄，他繼承後自己又觀測四十年，終於能創制出新的曆法。宋文帝下令採用他的新曆法，稱為「元嘉曆」。元嘉曆對於中國傳統陰陽合曆導致的閏月問題，採取以每十九年設置七個閏月的基礎進行研究。為尋求精確數據，何承天首創「調日法」用以計算。中國古代數學家所謂「日」，就是分數的分母，「調日法」則是數學計算中的一種「內插法」，用以有系統地尋找精確分數，來表示天文數據或數學常數。茲以中國傳統上常說的「十一年四閏（月），十九年七閏」為例，用現代數學符號表示其基本概念與計算方法：

已知 $a/b < c/d$，例如 $4/11 < 7/19$，其中 $4/11$ 稱為「弱率」，$7/19$ 稱為「強率」。則 $a/b < (a+c)/(b+d) < c/d$，例如 $4+7=11$、$11+19=30$，故 $4/11 < 11/30 < 7/19$。再將內插所得的中間數 $11/30$ 做為新強率，重新運算得 $4/11 < 15/41 < 11/30$。如此不斷計算下去，得到誤差在計算者可以接受的範圍內時，計算即告完成。

何承天運用此法製出較以前更精確的曆法，得到宋文帝的承認與採用。這種曆法在南朝從四四五年使用到五一〇年，南梁政府才改用祖沖之提出的「大明曆」取代。

南朝的科技基礎頗為雄厚，呈現「江山代有才人出」的狀態，從劉宋後期起，南朝科技第一大師祖沖之登場，創造出南朝燦爛的科技文化。

祖沖之出身建築工程家族，科技素養深厚，得到宋孝武帝的重視。他擅長數學，曾挑戰圓周率精確數字的難題。圓周與圓直徑的比率，一向是世界各地古代數學家追尋的目標。《周髀算經》推定圓周率為三，西漢劉歆推算到三．一五四七，東漢張衡推算成三．一六，曹魏劉徽得到三．一四一六，南朝劉宋時何承天求得三．一四二八，可見魏晉南北朝時這項計算已詳盡到小數點後四位；然而中國古代數學家在此領域的最高成就，則是南朝時祖沖之計算出圓周率在三．一四一五九二六與三．一四一五九二七之間。

祖沖之推算圓周率的方法，依《隋書．律曆志》記載，是假設圓直徑一丈，將此長度等分為一億「忽」，做為求圓周率的基本計算單位，依此求得「盈數」（大於真數的最接近近似值）為三．一四一五九二七與「朒數」（小於真數的最接近近似值）為三．一四一五九二六，從而確定圓周率的真值介於盈、朒兩數之間。《隋書》並未說明祖沖之的計算方法，一般認為，祖沖之應是採取三國時劉徽（二二五？～二九五？年）發明的「割圓術」，即用內接正多邊形將圓分割，分割越細，正多邊形的邊數越多，內接正多邊形的面積就和圓面積越接近。經現代數學家用此方法計算，發現要分割到正二四五七六邊形，才能精確到小數點後第七位。祖沖之的成果是當時的世界紀錄，直到十五世紀，才被伊朗數學家阿爾．卡西（Jamshīd al-Kāshī）以十七位有效數字打破。

祖沖之曾注解漢代留下來的古書《九章算經》，還和兒子祖暅之一起研究，巧妙地解決了球體體積的計算問題。他著作的《綴術》一書，以後成為唐朝國家學校體系中「算學」（類似數學系）的數學課本之一，這部書的重要性可想而知，可惜已經失傳。

機械工程

祖沖之也是一位機械工程師，對於齒輪的運轉與作用有獨到的領悟與技術。古代傳說黃帝大戰蚩尤時造指南車以確定方向，故歷代都有人想要重製。歷史記載東漢張衡、曹魏馬鈞、十六國時後趙魏猛與解飛、後秦令狐生都曾分別製作成功。東晉末年劉裕北伐到關中，擄獲後秦皇帝姚興擁有的指南車，但僅具外形而沒有機械。劉宋末年蕭道成當政，命祖沖之修復。祖沖之用銅做成差速齒輪，果然把指南車復原。當時有個北朝人索馭驎來到南方，說他也會造指南車，蕭道成好奇心大起，下令二人各做一部，拿到樂游苑比賽，結果祖沖之的車準確無誤，索馭驎的車誤差甚大，被蕭道成一把火燒掉。《南史》說祖沖之還能造「千里船」，一天可以航行百餘里，又把諸葛亮的「木牛流馬」復原，不用風力、水力、人力，機械就能自行運動，這兩種交通工具的原理與構造，就不得而知了。

為紀念祖沖之，現代科學界將月球背面的一座環形山命名為「祖沖之環形山」，並將第一八八八號小行星命名為「祖沖之小行星」，中國大陸也有一條「祖沖之路」，位於上海市浦東區張江高科技園區。

醫學與藥學

從東晉到南朝，士大夫精於醫學、藥學者不少。東晉名醫葛洪搜集醫書五百餘卷、驗方數百個，作《肘後救猝方》三卷，以供請不起醫生的貧苦基層社會大眾隨時照方抓藥，自行治病。在此種基礎上，南朝的醫學與藥學持續發展，還發生過這樣的故事：

《南北朝雜記》記載劉宋時精通醫理的徐文伯曾陪宋少帝旅行，路上碰到一位孕婦。少帝也懂診斷，就上去診斷孕婦，下結論說：「是女孩。」少帝又問徐文伯意見如何，徐文伯說：「是一男一女的雙胞胎，男胎在左邊，呈青黑色，比女胎小。」暴君兼亂君的少帝性情急躁，竟然下令剖開孕婦的肚子驗證。存著惻隱之心的徐文伯說：「臣下請求對她針灸，下針後胎兒必然會掉落。」少帝同意，徐文伯用針刺足太陰脾經的穴道，又用

「補」（按，針灸用語，進針「得氣」後，持針進行不同角度左右旋轉的一種針刺手法。一般來說，右手持針時，「補」法為順時針方向稍用力地旋轉）的手法刺手陽明大腸經的穴道，兩個胎兒應針而落，果然如他所說。此事為劉宋少帝的昏、暴、亂再加上一筆，伴君如伴虎的徐文伯，也只得盡可能以高明的針灸術，至少保住那位不幸孕婦的性命。

南朝醫學與藥學以陶弘景（四五六～五三六年）為其代表人物。他學問淵博，技術精妙，身兼道士、哲學家、文學家、醫學家、藥學家、道教茅山宗的開創者，還通曉曆算、地理風水，也是圍棋高手、琴藝家、書法家。他長期隱居山中，南朝皇帝、官員卻經常自行或派使者找上門來，請教從修身養性到國家大事的諸多問題，使他贏得「山中宰相」的美譽。

陶弘景生於道教已經穩定立足且大量傳播的南朝，十歲時得到葛洪所著的《神仙傳》，讀完後便深受感動，立定出世修行養生的念頭。他手不釋卷，努力研究，精通老莊哲學與儒家思想，故能將道家、儒家與佛教思想融合，提倡儒、釋、道合流。在醫藥方面，他曾整理古代流傳下來的《神農本草經》，添增魏晉以來名醫所用的新藥，寫成《本草經集注》七卷。此書記載藥物七百三十種，並首創沿用至今的中藥藥物分類方法，以玉石、草、木、蟲獸、果、菜、米食七項為標準，確定分類，歷代本草書籍都加以收載。

《本草經集注》的另一項重要分類法是以病為綱，在每一病證下都列出可用的藥物或治法，這種分類法也被後世本草學者普遍採用。陶弘景又將葛洪的《肘後救猝方》增補為《補闕肘後百一方》，加上他另外的《陶氏效驗方》、《藥總訣》等書，集南朝醫藥學的大成。若用現代的比喻，陶弘景大夫用一生建構成一個「陶氏醫藥養生網絡」，服務世人，不拘貧富貴賤，而且不以賺錢為目的。

《本草經集注》選錄

此書現已殘缺，僅剩原在敦煌地方手寫的殘本〈序錄〉一卷。原卷長十七公尺，正反兩面均書寫文字。一九〇八年被日本人得到，攜往日本。茲選錄部分內容，其中標楷粗體字為古書《神農本草經》原文，其餘為陶弘景注。

《本草經》卷上　序藥性之本源，詮病名之形診，題記品錄，詳覽施用之。

《本草經》卷中　玉石、草、木三品，合三百五十六種。

《本草經》卷下　蟲獸、果、菜、米食三品，合一百九十五種，有名無實三條，合一百七十九種。合三百七十四種。

右三卷，其中、下二卷，藥合七百卅種，各別有目錄，並朱、墨雜書並子注。大書分為七卷。

上藥一百廿種為君，主養命以應天，無毒，多服久服不傷人。欲輕身益氣，不老延年者，本上經。

中藥一百廿種為臣，主養性以應人，無毒、有毒，斟酌其宜。欲遏病補虛羸者，本中經。

下藥一百廿五種為佐、使，主治病以應地，多毒，不可久服。欲除寒熱邪氣，破積聚愈疾者，本下經。

三品合三百六十五種，法三百六十五度，一度應一日，以成一歲。倍其數，合七百卅名。

……藥有酸、鹹、甘、苦、辛五味，又有寒、熱、溫、涼四氣，及有毒、無毒，陰乾、曝乾，採治時月生熟，土地所出，真偽陳新，並各有法。

本說如此。又有分劑秤兩，輕重多少，皆須甄別。若用得其宜，與病相會，入口必愈，身安壽延。若冷熱乖衷，真假非類，分兩違舛，湯丸失度，當瘥反劇，以至殆命。……

治寒以熱藥，治熱以寒藥，飲食不消以吐下藥，鬼注蠱毒以毒藥，癰、腫、瘡、瘤以瘡藥，風溼以風溼藥，各隨其所宜。

本說如此。案今藥性，一物兼主十餘病者，取其偏長為本，復應觀人之虛實補瀉，男女老少，苦樂榮悴，鄉壤風俗，並各不同。褚澄治寡婦、尼僧，異乎妻妾，此是達其性懷之所致也。

病在胸膈以上者，先食後服藥。病在心腹以下者，先服藥後食。病在四肢血脈者，宜空腹而在旦；病在骨髓者，宜飽滿而在夜。

本說如此。案其非但藥性之多方，節適早晚，復須修理。今方家所云：先食、後食，蓋此義也。……又有須酒服、飲服、溫服、冷服、暖服。湯有疏、有數，煮湯有生、有熟，皆各有法，用者並應詳宜之。

……

消渴：白石英　**石膏**　茯神　**麥門冬**　**黃連**　**栝樓**　**知母**　**枸杞根**　小麥　芹竹葉

土瓜根　生葛根　李根　蘆根　菰根　茅根　冬瓜　馬乳　牛乳　羊乳

癲癇：龍齒角　**牛黃**　**防葵**　**牡丹**　**白蘞**　**莨菪子**　**雷丸**　**鉛丹**　鉤藤　**殭蠶**　**蛇床**

蛇蛻　**蜣蜋**　**蚱蟬**　**白馬目**　白狗血　**豚卵**　牛豬　犬齒

聲音啞：菖蒲　鍾乳　孔公孽　皀莢　苦竹葉　麻油

面皯皰：菟絲子　麝香　熊脂　萎蕤　藁本　木蘭　梔子　紫草　冬瓜子

髮禿落：桑上寄生　秦椒　荊子　桑根白皮　桐葉　麻子仁　棗根　松葉　雁肪　馬鬐膏　豬脂膏　**雞肪**

《隋書．經籍志》記載許多魏晉南北朝時的醫藥書，內容包括脈理、病理、藥性、針灸、穴道、製丸藥、製散藥、製膏藥、製丹藥、單方、驗方、家傳祕方等。當時醫學已經有專業的分科，包括小兒科、產科、婦女科、癰疽科、耳眼科、傷科、獸醫科等，也有專治瘧疾、癆病、癩病、軟腳病等的方劑，還有飲食法、養生術、房中術（男女交合術）、印度醫方、人體生理構造圖等，可見當時醫學的發展。然而陶弘景也批評說：

諺言：「世無良醫，枉死者半。」拙醫治病，不若不治……故仲景（按，張仲景，東漢末年名醫）每云：如此死者，醫殺之也。

可見在醫藥長足進步的南朝，照樣有庸醫濫竽充數。

南朝文化的歷史定位

從東晉到南朝，長江流域不斷開發，使南方經濟日益發達，文化隨之發展。從中國文化史的觀點看，東晉、南朝對中國文化的發展有其貢獻，不可輕忽。

隋唐文化光輝燦爛，眾所周知；這樣高度發展的文化，必有其根本與來源。隋唐之前是南北朝，故南北朝文化，就是隋唐文化的基礎。

南北朝時代南北雙方基本隔絕，又都有內部特殊的環境與條件，其文化並不相同，到隋唐時才將二者融合。隋唐融合南北文化的過程中，北方做為長期分裂後的勝利方與對南方的征服者，所以在隋唐的帝國規模、政府制度等方面，大致源出北方；然而在實質文化內容上，則南朝文化的地位更加重要。

南朝長期抗拒北方南侵，保持住傳統的漢族文化一百七十年，在漫長的歲月中又增加其內容，發展出比秦漢更多樣化、更有深度，而且更精緻的文化，在南方的天地裡持續醞釀發展，直到合併入北方。因此我們或許可以說，南朝文化的重要部分在進入隋唐時期後，遇到比原來更廣闊的天地與更適合文化發揚光大的土壤，遂在隋唐一脈相承自北朝的帝國領域與規模中，開放出真正美麗燦爛的文化花朵，也難怪唐朝的文化人那樣喜歡南朝。

可是，有光必有暗，有生必有死，有起必有落；南朝當然也不能永遠存在。南朝一百多年以來，達到諸多成就，也累積下諸多問題，到梁武帝統治末期全面爆發，南朝受傷嚴重，再也無法恢復。此後南朝掙扎圖存四十年，卻仍不敵歷史的洪流，王、謝堂前的燕子，從五八九年起開始飛入尋常百姓家。南朝悲劇性的最後階段，將是我們探訪的終章。

資料出處

《隋書》儒林傳序、經籍志

《周易》王弼注

《南史》范縝傳、文學列傳．祖沖之傳、隱逸傳下．陶弘景傳

《全梁文》

《弘明集》

《莊子》秋水篇
《歷代名畫記》
《宋書》律曆志
《南北朝雜記》
《本草經集注》殘本

第六章

四二年間花落盡，南朝青史豈成灰

南朝終局

金陵遙望錦雲堆　法會經聲繞幾迴
跨水驚聞飛虜騎　焚書忍見付殘灰
後庭歌韻飄香粉　前殿詩風醉酒杯
一曲南朝王氣盡　魂銷煙雨鎖樓臺

江南春
唐　杜牧
千里鶯啼綠映紅，
水村山郭酒旗風；
南朝四百八十寺，
多少樓臺烟雨中。

我們已經接近探訪南朝的終點，南朝最後的時光，將在此展現。這段四十二年間的歷史讓人目不暇給。南朝的終結開始於繁華、富裕、充滿宗教氣息的太平歲月，那是梁武帝崇奉佛教的高潮；霹靂一聲陰謀與反叛突然出現，接著就是慘烈的戰爭、大規模的屠殺與破壞，那是北齊叛將侯景帶來的大風暴；塵埃終於落定後，南陳建立，在這個南朝最後一代的時期，南朝悲劇性的結局也從定調到完成。

第一節——茹素留寶懺，捨身論功德

梁武崇佛

南朝歷史上最繁榮的時期，落在梁武帝蕭衍在位（五〇二～五四九年）的中期。這段期間如何達成？後來又如何衰落，導致盛極一時的南梁突然瓦解，南朝從此難逃銷亡的歷史命運？南朝最後的四十二年可稱一幕悲劇，這悲劇來臨的端倪，是在梁武帝的中、後期開始顯露，所以當時景況究竟如何，就成為探訪南朝歷史必須回答的最後問題。要回答這個問題，就必須討論梁武帝本人。

一般論及梁武帝，大都是以他崇信佛教、推廣佛教為重點。梁武帝當然是一個最虔誠的佛教信徒，除自己信仰外，還努力推廣佛教，不遺餘力，不惜動用國家資源，這是歷史事實。這些事實導致不少後代史家就此對他進行批評，認為他過分崇佛而敗壞了國家政治，掏空了國家經濟，使南梁由盛而衰，終至不可收拾。然而，做為一個在位四十八年之久的君主，在崇佛之外，梁武帝顯然有其他各方面的考量與作為，共同構成他的統治，例如：

繼承人如何決定？有何問題？尤其是在位如此之久的皇帝；情況類似的案例有漢武帝、明神宗萬曆皇帝、清聖祖康熙皇帝等，大家耳熟能詳，那梁武帝呢？

身處大分裂時代，如何面對敵國北朝政權？尤其是當時恰逢北朝政權發生分裂與內鬨，這自然是南北長久對立時期難得的機會，梁武帝如何面對？

等等，都有待充分說明與分析，方可得到較為深入的解釋與較為接近真實的答案。

及身成敗：梁武帝蕭衍

成功

歷史上集努力奮鬥、成功建國、繁榮盛世、自毀家邦、身死國敗於一身的君主十分罕見，梁武帝蕭衍是其中代表。

梁武帝蕭衍（四六四～五四九年，五〇二～五四九年在位）是僑姓世族蘭陵蕭氏的子弟，父親蕭順之是齊高帝的族弟，在南齊做官。他從小努力求學，受過正統的儒家教育，長大後多才多藝，學識廣博，可稱南朝世族子弟翹楚。史書稱他：「六藝備閑，棋登逸品，陰陽緯候，卜筮占決，並悉稱善。……草隸尺牘，騎射弓馬，莫不奇妙。」

南齊末年，東昏侯暴虐無道，各地皆起兵造反，東昏侯派數路大軍平亂。平叛諸將中以蕭衍的兄長，時任雍州（今湖北襄陽一帶）刺史的蕭懿最有功績。蕭懿功高震主，被東昏侯毒殺，蕭衍承繼兄長，接任雍州刺史，尋找機會推翻東昏侯。五〇一年，蕭衍舉兵，順利攻抵首都建康，並改立一個傀儡皇帝於江陵。不久東昏侯在政變中被殺，五〇二年蕭衍受齊「禪讓」登基，建國號為梁，是為梁武帝。

梁武帝在位初期政績卓著。他勤於政務，重視官吏的操守，經常親自召見選拔任用的地方官，耳提面命他們必須操守清廉。他又廣納諫言，下令在宮門前設立兩個函（盒子），一稱「謗木函」，一稱「肺石函」。肺石函供官員、謗木函供平民百姓投書批評或建議。南梁政府據此推動各種改革，南齊時的弊政皆獲得改正。梁武帝也以節儉知名。他「一冠三年，一被二年」，衣服洗過再穿，御膳以蔬菜和豆類為主，每天只吃一餐，太忙的時候，就喝點粥充饑。他的統治使南梁政治風氣改善，行政效率提高，國力大幅上升。

對於文化建設，梁武帝也十分注意。他即位後宣揚儒家思想，常與大臣們討論經學，又參與樂府詩的創作及編修，蒐集各地民謠。東晉以來，南方文化的發展在南梁時到達高峰，榮獲唐代《南史》作者李延壽的評價：「自江左以來，年逾二百，文物之盛，獨美於茲。」

問題

做為一個歷經陰謀與戰爭才奪得政權的皇帝，梁武帝性格的缺點仍在猜疑心重，忌憚功臣。他雖然沒有殺戮功臣，卻對他們尊而不親，吝於分享權力，對皇家子弟卻格外照顧，將政治、軍事大權交給他們，於是南梁的盛衰，就變成緊緊與蕭氏皇族的表現綁在一起。

然而權力造成腐敗，南梁皇族很快就充斥著違法犯紀的成員，梁武帝對此卻徇私護短，他的六弟蕭宏就是最具代表性的案例。蕭宏此人北伐時臨陣脫逃，喪師辱國已如前述，做兄長的梁武帝不加懲罰，反而加封官職，蕭宏因此更加肆無忌憚，大肆貪汙外，竟與親姪女，也就是蕭衍的大女兒通姦，兩人還鋌而走險，派人刺殺蕭衍，想取而代之。事情敗露，刺客被捕處死，公主自盡，梁武帝居然沒有懲辦蕭宏。

梁武帝原立長子蕭統（五〇一～五三一年，諡為「昭明」）為太子。蕭統家學淵源，文采高妙，他蒐集歷代著名文章，編纂出中國最早的一部文章總集，命名《文選》，許多南梁以前的文學作品賴以保存，為中國古代著名典籍，後人稱為《昭明文選》。蕭統也精通佛學，創造《金剛經》的「三十二分則」編輯法，將全篇經文分為三十二段，各加入副標題。

這樣一位皇太子卻英年早逝，梁武帝受到的打擊甚大，不得已改立蕭綱為太子。蕭綱也以詩賦著稱，他的詩已如前述，果然詩如其人，其他方面並不出色，無法與昭明太子相比。這可能是梁武帝晚年以高齡老人仍然直接掌控各項政務的原因，也造成南梁與他自己最後的悲劇。

崇佛

五二〇年，梁武帝五十七歲，孔子「五十而知天命」的事在他身上重現，就在這一年他思想上從儒家轉向佛家，變成虔誠的佛教徒。後來又經過上述蕭氏家族的連串不幸事件，梁武帝可能遭受打擊過重，終於全面傾向佛教，成為中國歷史上有名的崇佛皇帝。這一年也被歷史學家視為南朝梁發展的分水嶺，此後南梁在皇帝帶領下，成為極度尊重佛教的國家。

五二七年，蕭衍崇佛之心益加堅定。他親自到同泰寺（已毀，原址在今南京雞鳴寺）捨身，三天後返回，隨即大赦天下，改年號，代表南梁從此進入新時代。此後他不近女色，不吃葷食，還規定以後祭祀宗廟，不准再用豬牛羊三牲，要用蔬菜代替。這個命令下達後，大臣們議論紛紛，有人期期以為不可，後來梁武帝略做讓步，允許用麵捏成牛羊的形狀祭祀。臺灣市面上如今仍有用麵糰烤成五花肉、雞、魚形狀的祭品出售，應為其流風餘韻，而中國佛教與素食的關係，在梁武帝時也告確定。五二九年，梁武帝第二次至同泰寺捨身，並舉行「四部無遮大會」，還親自講解《涅槃經》，後由群臣捐錢一億，才贖回「皇帝菩薩」。五四六年，梁武帝第三度捨身，群臣用兩億錢將其贖回；五四七年第四次捨身，後以一億錢贖回。此時梁武帝已決定接納東魏大將侯景投降，大災禍不久隨之到來。

梁武帝是中國佛教史上的重要人物，有「梁武尊者」之稱，許多佛教典故與他有關，今介紹數則。

補充說明

與梁武帝有關的佛教名詞

捨身

本指佛教徒犧牲自己的肉體，以顯示佛法大慈大悲的精神，例如為報恩而燒臂燒身、為布施而割肉棄身等。後推廣為佛教徒為宣揚佛法，以自身布施寺院，為佛教、寺院、僧侶辛苦操作，也稱為「捨身」。

《梁皇寶懺》

懺，梵語「懺摩」之簡稱，意為悔過。佛教僧侶為人悔過所修的法事稱為「懺法」，懺法中誦讀的經文也稱為「懺」。

《梁皇寶懺》是梁武帝為超度其夫人郗氏所作的懺法。《南史》與《釋氏稽古略》都記載，郗夫人性格殘酷妒忌，去世後化為龍或巨蟒，在南梁後宮出入，有時會現形，光彩閃爍，又託夢梁武帝，後宮不安。於是梁武帝製作《慈悲道場懺法》十卷，延請高僧舉行懺禮，郗夫人遂轉化為天人，在空中向梁武帝拜謝而去。此懺法後來通行於世，稱為《梁皇寶懺》。

無遮法會

「無遮」指「無有遮障」，就是不分貴賤、宗教信仰、僧俗、男女、十方法界、六道群靈，凡有情眾生皆一律平等。「無遮法會」即為一切眾生舉辦的法會，希望藉由法會的因緣，達到冤親平等，皆獲普渡，冥世與陽間兩得其利。

試論「梁武崇佛」

梁武帝末年東魏降將侯景叛變，首都建康被攻破，梁武帝在憂憤飢餓中死去，梁朝不久也就迅速瓦解，是南朝歷史的第一大悲劇。對這場悲劇的背景與成因，許多史家認為與梁武帝過分崇信佛教有關。對於此種說法，吾人究竟應該如何看待？

梁武帝花費極大的時間、精力與金錢崇佛，大舉建佛寺、造佛像、大幅增加剃度僧侶的名額、舉行許多法會等等，史書記載明確，都是歷史事實。這種作為必然導致南梁國家的開支大增，免稅、免役的出家人與寺廟日漸增多，稅收與兵源相對日漸減少，政府經費因此不足，行政效率減退，更會造成國防力量虛弱等潛在的危機。然而歷史上其他在位長久的皇帝晚年，也可能由於不同的原因，出現類似現象，例如漢武帝、唐玄宗、清高宗乾隆皇帝等，甚至唐玄宗還招來安史之亂；值得注意的是，漢、唐、清三朝卻並未因此毀滅，都還各自延續甚久。所以梁武帝崇佛，應該只會侵蝕南梁國家根基，使國家虛弱化，可能引起動亂，卻還不至於僅因如此就迅速全面崩潰。既然南梁崩潰得如此迅速且全面，那麼，梁武帝的後期是否還有崇佛以外的問題？

答案可能在於，崇佛只是梁武帝生活與工作的面向之一，並非全部。其實梁武帝在崇佛的同時，並未放棄皇帝的身分與工作，照常上朝聽政，親自處理外交與軍事問題。這種情況說得好聽是始終如一，盡忠職守；說得難聽則是老而好事，剛愎自用、抓權不放、野心不斷，不自量力。試想一個七、八十歲的老人，又要崇佛，又要上朝主持國政，還要汲汲於北伐，更得擺平家族與朝廷內部的暗潮與爭鬥。事事要顧，面面要到之下，老年人自身的時間與精神不能兼顧，無從詳細研究狀況，思考問題，最後做出輕率的判斷與錯誤的決策，終於造成國家與自身的大災難。

侯景之亂爆發後，南梁分布各地，握有兵權的大員們卻推託觀望，幾乎沒有人真正全力「勤王」，反而彼此猜忌爭鬥，離心離德，找不出像唐朝安史之亂時的郭子儀、張巡，或清朝太平天國起事時的曾國藩、左宗棠這樣的人。這種悲劇的原因，應該在於梁武帝「蕭家至上、蕭家唯一」的用人政策。梁武帝猜忌異姓大臣，將國家大政與地方軍權都交給蕭氏家族；但大亂一來，這些皇家子弟真正考慮的，就變成眼看八十幾歲老皇帝氣數已盡，即將空出來的政權屬於誰？這才是他們關注算計的重點。在這種情況下，大家名義上宣稱出兵平亂，其實都是虛應故事，趁機把兵權抓牢，準備奪取大位。這樣當然導致侯景之亂短期無法平定，南梁皇族間的心病也就繼續發作，直到拖垮這個國家而後止。

梁武帝的四次捨身，說明他對佛教極為虔誠，由此不難引出另一個饒有趣味的歷史研究課題：他既然如此傾心於佛教，為何不乾脆宣布退位，專心向佛，甚至出家為僧？實際上存在於雲南等地，與宋朝幾乎同時的大理國（九三七～一二五四年），曾有許多位君主走上這條路，包括武俠小說《天龍八部》中男主角之一的段譽（一一〇八～一一四七年在位），日本古代也有皇帝退位出家的事例。

然而梁武帝畢竟沒有出家為僧，原因何在？這問題的答案，可從思想與實務兩個層面來回答。思想層面可能在於梁武帝的博學。他出身儒家學者，有儒學著述；又通曉佛教教義，著有《涅萃》、《大品》、《淨名》、《三慧》等數百卷佛學作品；對道教學說，他也頗有研究。在此基礎上，他把儒家的「禮」、道家的「無為」和佛教的「因果報應」揉合在一起，創立「三教同源說」，在中國古代思想史上占有重要地位。或許因為如此，梁武帝的思想中，儒家的治國平天下觀念一直有其地位，遂使他無法真正看破紅塵，退位出家。在實際政治層面，則可能因昭明太子過世太早，第二任太子無法使梁武帝放心，故雖然年老體衰，又被崇佛占去不少時間與精神，他仍不願也不敢在政治上放手，遂造成各方面不能兼顧，終於被侯景趁虛而入，身死國敗。

第二節——國運急轉直下，文化兵火凋零

侯景風暴

決定南朝國運的關鍵

侯景之亂（五四九～五五二年）是南朝後期決定性的大事，可謂一陣強烈風暴席捲南

朝，所到之處，花果飄零，萬物變色。南朝的國運，在侯景之亂中急轉直下；南方世族的家運，也在侯景之亂中急轉直下。侯景之亂後，南朝實際上已無法與北方抗衡，南朝最後的命運，可說在侯景之亂中決定。

當時的天下情勢是：南方由梁武帝統治，但已盛極而衰。原來統一北方的北魏於五三四年分裂，黃河流域東部成為東魏（五三四～五五〇年），西部成為西魏（五三五～五五六年），二者後來又分別被北齊、北周所篡。北方由統一變成兩個彼此敵對的政權，它們和南朝又是長久的對手，國際局勢頓時複雜，各國之間與各國內部的矛盾日益增長，隨時可能出現動亂。果然，牽動南北大勢的侯景之亂就在北魏分裂後十四年發生。

侯景是羯族後裔，東魏大將，鎮守南方邊疆。東魏權臣高歡死後，繼任者對侯景不放心，想要削奪他的兵權，侯景遂反叛北朝。侯景反叛後，自知並非東魏中央大軍敵手，乃請求投降南梁。消息傳來，南梁的朝臣怕北朝以接納侯景為藉口南侵，大多認為應不予理會；但年老卻仍然好大喜功的梁武帝宣稱「夜夢太平，侯景求降，正符所夢」，決定接納，派人聯繫，封侯景為河南王、大將軍。

東魏聞訊，當然派出大軍討伐侯景。梁武帝以姪子蕭淵明為主將，率軍救援侯景，結果被東魏大敗於寒山堰，幾乎全軍覆沒，蕭淵明被俘。東魏乘勝進擊侯景，侯景迎戰大敗，只剩下八百多人南逃，騙取屬於南梁的壽陽城暫駐。但東魏因對抗西魏的軍情更為緊急，不願兩面作戰，戰勝後反而與南梁講和，侯景大起恐慌，只怕被南梁當作和談的禮物送給東魏。於是侯景使出「投石問路」之計，偽造東魏皇帝的信函致送梁武帝，建議以蕭淵明換侯景。

梁武帝被愛惜姪子之心蒙蔽，不查其詐，輕率覆信說：「貞陽（指貞陽侯蕭淵明）旦至，侯景夕返。」同意雙方交換。侯景略施小計就摸清梁武帝的內心，知道不得不反，遂暗中勾結梁武帝的另一個姪子蕭正德做內應，準備叛梁。

五四八年秋，侯景發動叛亂，領兵南下，直抵長江。梁武帝完全沒有防範，情報也完全不靈通，倉卒之間竟命蕭正德指揮保衛京師。蕭正德求之不得，趁此機會派船接應侯景叛軍過江，開建康城門迎接，叛軍遂輕易占領外城，包圍臺城（宮城）。此時侯景兵力只有八千人，臺城中則有十餘萬人口，二萬多軍隊，南梁還有各地的勤王軍號稱三十餘萬；但彼此不相統屬，又大多頓兵不前，保持觀望，領兵的南梁宗室諸王無非想保存實力以奪取皇位，甚至不排除有些人還可能幸災樂禍，只等老皇帝一死，就自行稱帝。梁武帝的命運，便在這種「觀望時機」、「借刀殺人」的微妙暗黑心態中注定。

臺城的攻防戰漫長而慘烈，雙方傷亡慘重，屍體無法掩埋，引起傳染病的大流行，殺死更多人。拖到五四九年三月，侯景終於攻陷臺城。城破時，城內只剩下二、三千人，屍骸堆積，血汁漂流，慘不忍睹。侯景為攫取資源，同時大規模搶掠江南各地，手段殘酷，殺人如麻，尤其針對家大業大的世族下手，幾個月之間就使富庶二百多年的長江下游地區千里炊煙斷絕，人跡罕見，白骨到處堆積，像一座座小山。

侯景占據建康後，殺蕭正德，軟禁梁武帝。不久梁武帝憂憤飢餓而死，侯景立太子蕭綱為帝，即南梁簡文帝，不久又廢殺蕭綱，改立蕭棟。五五一年，侯景終於廢蕭棟稱帝，國號漢。次年，起自基層的南梁將領王僧辯、陳霸先大敗侯景軍，攻下建康。侯景乘船出逃，被部下殺死，叛亂才告平定。

南梁喪失西部地區以至滅亡

侯景反叛時，其勢力僅到達江南，從此以西的荊州到益州（今四川）一帶依舊由南梁掌控，只是各地方首長心懷鬼胎，互相牽制，對長江下游的大亂坐視不理。反而是廣州刺史部下的番禺（今廣東廣州）太守陳霸先與湘東王蕭繹派遣的大將王僧辯聯合攻滅侯景。五五二年湘東王蕭繹隨即於江陵繼位，是為梁元帝。此時據守益州的武陵王蕭紀也宣布稱帝，並攻擊江陵。梁元帝向西魏求救，西魏派兵攻滅蕭紀，從此占領益州要地不走。五五四年，昭明太子之子蕭詧引西魏軍攻陷江陵，梁元帝投降前將南朝政府與他私人的藏書全部焚毀，西魏立蕭詧為傀儡皇帝，繼續用梁的國號，但只給他江陵附近一隅之地，史稱西梁或後梁。

梁元帝被殺後，陳霸先與王僧辯立蕭方智為帝，即梁敬帝。此時東魏已遭北齊篡位滅亡，北齊起兵，帶著以前戰敗被俘的蕭淵明南下攻梁，梁軍被擊敗，王僧辯屈服，迎立蕭淵明為梁帝。陳霸先反對，殺王僧辯。此後陳霸先繼續奮戰，擊潰北齊南侵軍及王僧辯餘黨，最後於五五七年篡位，建立南陳，南梁滅亡，距離侯景之亂不過九年。

南朝的「不歸點」：侯景之亂

侯景之亂使南朝士族遭到沉重打擊，南方社會受到極大破壞，在六朝古都建康居住數百年的世家大族，損失尤其慘重。叛變之前，侯景曾向梁武帝表示，希望求婚於瑯琊王氏、陳郡謝氏兩家，梁武帝知道王、謝門第太高，他也無法答應，只得回覆：

王、謝門高非偶，可於朱、張以下訪之。

（王、謝門第太高，不是你的配偶，可以在朱氏、張氏家族以下尋求。）

這話說得意味深長，等於婉轉拒絕。其實既然皇帝認為王、謝家族的事自己都無法管，那麼僑姓世族緊隨在後的就是袁、蕭兩家，梁武帝蕭衍身為當時蘭陵蕭氏的族長，只要下個命令，不難派一個蕭氏宗族的女兒出嫁，還不必是自己的親生女兒，唐太宗以皇族女文成公主出嫁吐蕃國王就是這種案例。所以對侯景來說，這種答覆只是推託敷衍，根本對他十分輕視，因此深刻記恨，說：

會將吳兒女以配奴！

（會把吳小子的女兒配給奴隸！）

果然攻入建康後，侯景立即對南方世族展開大屠殺，王、謝兩家尤其悽慘，幾乎被滅族。此時侯景與他的部下從自卑變成自大，南梁以前對他們的輕視轉化成他們對南方與南方人的仇恨，在報復心理下，恨不得將從前輕視他們的一切砸爛抹平，江南各地遂遭到空前浩劫。建康原有二十八萬戶居民，動亂後倖存者百無一二，幾乎完全成為廢墟，江南經過侯景的燒殺搶掠，普遍呈現殘破荒涼的景象。大亂中南朝的另一個重心荊州，也被西魏乘機攻占，荊州失去後，位在長江上游的巴、蜀與漢中殘餘部分與南梁中央失去聯繫，孤懸在外，難逃被西魏占領。江南、荊州與巴蜀是東晉以來的南方三大經濟、文化中心，此時兩個失去，一個遭嚴重破壞，南朝的損失已經無法彌補。

在這場戰亂中，東魏取得淮南，直抵廣陵（今江蘇揚州），西魏取得四川、漢水流域，直抵湖南、貴州，北朝勢力大增，南朝版圖大為縮小，不但稅收與兵源大減、防禦縱深被壓縮，也失去三大地區彼此互相支援照顧的機會，此後江南地區被迫單獨對抗北方，北強南弱的局面更加嚴重。

與南朝相比，漢、唐、清都是大型帝國，土地廣闊，人口眾多，國家精華地區不止一處，可以彼此支援；即使情況惡劣到像唐朝的安史之亂、清朝的太平天國與捻軍起事，也只波及一部分國土，朝廷還有其他地區的資源可用，終能平定叛亂，延續王朝生命。南梁則不然，國土本已僅限於南方，最精華的地區江南、荊州二處，也都是駐有重兵的國防要地。侯景之亂摧毀江南地區，又導致荊州地區喪失於北朝之手，南朝元氣大失，又無法從他處獲得足夠補充，江南更失去荊州在軍事上掩護上游、牽制敵人與支援首都的協助，從此處境艱困而別無解決方法，難免淪亡。

侯景之亂對南朝的意義，類似航空名詞「不歸點」（point of no return），指飛機航線中的某一點，一旦飛越此點，機上攜帶的燃料就無法使它返回原出發地，若不能及時降落或獲得補充，只有墜毀一途。侯景之亂給南朝帶來物資的大破壞、人口的大損失與領土的大縮減，使南朝從此飛越不歸點，正像一架油料將盡又無法補充的飛機，只能懷著對南梁盛世的回憶，蹣跚墜落。

在大清盛世早過，就連「同治中興」都已遠去的甲午戰爭前夕，丘逢甲在臺灣讀《南史》，對侯景之亂的感觸是：

清　丘逢甲，〈讀南史雜詠〉十首之七

三捨皇身贖已回，倉皇下殿避星災；
安知白馬青絲客，專向金甌缺處來。
（按，「白馬青絲客」指侯景。）

清　丘逢甲，〈讀南史雜詠〉十首之八

百官戎服聽元虛，又撥秦灰到石渠。
父誤涅槃兒道德，反將遺劫怨圖書。

（按，元虛，同玄虛。石渠，西漢未央宮的藏書閣。）

中國第二次三國鼎立（五三四～五八九年）

侯景之亂更重大的歷史意義，在於它改變了歷史應有的走向。若從國際戰略的宏觀角度思考，不難看出侯景之亂實為影響南北朝結局的關鍵因素，這又必須先論南北朝後期的中國第二次三國時代。

五三四年北魏分裂，形成中國歷史上第二次三國鼎立的格局。這次三國時期長達五十五年，僅略少於第一次三國時期的六十一年（從二二〇年曹丕篡漢到二八〇年西晉滅東吳），而且其發展演變奇特，不合常理。然而中國第二次三國時期受到的關注極為稀少，與那大名鼎鼎的第一次三國完全不可同日而語，實為中國歷史敘述與歷史研究的怪現象，也是一大遺憾。對於如此特殊的歷史歷程，我們理應深入探討。

中國歷史上第一次三國時期的結局是曹魏先滅蜀漢，晉篡曹魏後再滅東吳，統一天下。這甚為合理，因為不論就經濟規模、人口數目、武裝力量等方面看，吳、蜀兩國加起來還不到魏的一半，而「強凌弱、眾暴寡」本來就是國際政治的常態。然而南北朝後期的第二次三國鼎立，卻不依照常理發展，結果成為原來最弱小的西魏轉化成北周，消滅原來強大的北齊，不久隋篡北周，再消滅南陳，統一天下。這種異常現象的原因何在？

本來北魏分裂，北方東、西對抗，勢不兩立，對南朝來說是非常難得的機會，何況相對的南梁實力不弱，形勢頗佳，應有能力掌握。當時南梁擁有從四川到東海的長江流域，北方的大部分屬於東魏，包括富庶的黃河下游與險要的山西地區，西魏只有關中與西北邊區的陝北、寧夏一帶。如果將當時的形勢與第一次三國時代比較，則北齊類似曹魏，北周類似蜀漢，而南梁則比當年的東吳勢力更大，因為南梁擁有四川，東吳沒有。就國際政略論，南梁理應利用這種時機，在分裂的北方二國之間縱橫自如，謀求本國最大的利益；然而梁武帝在北魏分裂到侯景反叛之間（五三四~五四八年），幾乎只關注兩件事：崇佛與聯東魏反西魏。

梁武帝這時投注大量時間、精神與財富崇佛，《南史·梁武帝本紀下》在這段期間不斷出現這樣的記載：

幸同泰寺，設無遮大會。……幸同泰寺，鑄十方銀像，並設無礙會。（五三五年，梁大同元年）

帝幸同泰寺，設平等法會。……幸同泰寺，設四部無礙法會。……幸同泰寺，設無礙大會。（五三六年，梁大同二年）

幸同泰寺，鑄十方金銅像，設無礙法會。……幸阿育王寺，設無礙法喜食，大赦。（五三七年，梁大同三年）

於皇基寺設法會。（五四四年，梁大同十年）

幸阿育王寺，設無礙法喜食。幸同泰寺，講《金字三慧經》，仍施身。……皇太子以下奉贖，仍於同泰寺解講，設法會。（五四六年，梁中大同元年）

幸同泰寺，設無遮大會。上釋御服，服法衣，行清淨大舍，名曰：「羯磨」。……帝升光嚴殿講堂，坐師子座，講《金字三慧經》，捨身。……群臣以錢一億萬奉贖皇帝菩薩，僧眾默許。（五四七年，梁太清元年）

梁武帝又很快決定與東魏通和，在外交上採取親近東魏，敵視西魏的政策。五三六年南梁就與東魏確立和好，也曾出兵攻西魏。這是個注定失敗的外交與軍事作為，因為西魏—北周這一個政治系統，在南北朝後期是一股新生的政治力量，表現為胡、漢融合，團結一致，朝氣蓬勃；東魏皇帝則只是傀儡，完全被建立北齊的高氏家族控制，而北齊則昏君、亂君、暴君輩出，充滿暮氣沉沉的腐朽之象。北方分裂後，西半部一直在努力發展，後來居上，漸漸超越東半部。梁武帝顯然無法看清兩個北方政權的本質，也忘記「遠交近攻」的國際戰略原則，貿然決定與起初比較強大的東魏合作，結果隨著東魏—北齊的江河日下，原來的規劃成為泡影，還使西魏—北周有充分的理由與藉口南侵，最後處理侯景問題失誤，終於輕率越過「不歸點」，使南朝陷入萬劫不復之境。

東魏—北齊與西魏—北周之間形勢的消長屬於北朝歷史，將在《看，北國天下起風雲：讓我們來到北朝》中另行敘述；但西魏—北周興起的實務面原因，在於它的領土一直不斷擴大，實力才能不斷增加。西魏—北周增加的領土，又幾乎都奪取自南梁，這就與侯景之亂有關。侯景之亂一起，南梁陷入分崩離析，蕭氏皇族各懷鬼胎，表面擺出姿態討伐侯景，卻卯足全力爭取下一任南梁皇帝的位置，內鬥不已。歷史的規律是內鬥激烈時，有人會引進外來勢力助陣，西周末年申侯引進犬戎攻打周幽王時早已如此，南梁的皇室子弟果然也照辦，西魏遂有機可乘，應邀助戰，結果當然是得勝後鳩占鵲巢，將荊州、巴蜀納入版圖，還俘虜大批南梁人口與顏之推這樣的才智之士充實本國，從此成為土廣人眾的大國，三國原有關係受到根本性的破壞，進入新階段。如果將這段歷史與戰國時秦國奪取四川、湖北後，終於能消滅南方霸主楚國比對，二者相似之處也甚為驚人。

侯景之亂後，南梁的殘餘力量退縮到荊州一隅，其他西部地盤都被西魏吞噬，南陳則在長江下游建立，不久北齊篡東魏，北周篡西魏，於是形成南北朝末期四個政權並立的狀態，也是第二次三國時期的後半段：

- 北齊（五五〇～五七七年）：占有黃河流域東部，國力仍最強。
- 北周（五五六～五八一年）：占有黃河流域西部關中地區及前身西魏取得的荊州、巴蜀，足以與北齊抗衡。
- 南陳（五五七～五八九年）：占有長江下游。
- 後梁（五五四～五八七年）：僅有江陵城附近之地，為西魏、北周的附庸，不具影響力。

在北方，五七七年北周滅北齊，代表北朝政權由分裂而再度統一；漢人楊堅建立的隋朝隨即在五八一年篡北周建國，代表北方的胡、漢民族經過將近三百年的衝突鬥爭後，至此終於融合，占人口多數的漢人再度出任北方的皇帝，一個新時代正式來臨。南陳這個悲劇性王朝所面對的，就是這樣的國際局面與中國歷史大勢。

第三節——花開花落不長久，景陽宮井又何人

後庭花裡送南朝

南朝尾聲：南陳

南陳（五五七~五八九年）由陳霸先建立，是南朝第四個王朝，也是中國歷史上十分特殊的王朝。其獨特之處有：

1 是南朝的最後一個朝代。陳的滅亡就是南朝的終點，南方終於併入北方。

2 是南朝唯一由南方本地人建立的政權。

3 是中國歷史上唯一以皇帝姓氏為國號的政權。

4 建國於侯景之亂的大破壞後，先天環境最差。

5 在南朝中疆域最小，失去荊州、四川，僅保有長江下游。

陳朝建國於南朝侯景之亂的大破壞、大失地之後，領土有限，先天不足，所以南陳的歷史充滿著在逆境中不屈不撓的奮鬥、在北方分裂局勢中的權衡輕重與在敵強我弱之下絕望的狂歡，可說從頭到尾都帶著悲劇的色彩。這個悲劇性的國家在北方分裂時，尚可在北齊、北周的對立中存活，等到北周滅北齊，統一北方後，南北雙方實力懸殊的現實立即暴露，南朝的終局也在我們眼前清楚展開。

南陳並非沒有努力過。創業君主陳霸先一生征戰，從偏遠地區廣州興起，極為不易。他的繼承人陳文帝勵精圖治，國家才告穩定，江南也才能逐漸得到部分恢復；其後陳宣帝在北周、北齊的戰爭中採取遠交近攻之策，與北周結盟，舉兵北伐，戰敗北齊，將國境線推進到淮河南岸，成為陳朝的鼎盛時期。可是本為弱小一方火中取栗的冒險畢竟可一而不可再，不久北周滅北齊，當南陳想乘北齊滅亡的空隙繼續推進時，已經統一北方而且銳氣正盛的北周豈能允許？果然南陳輕易被北周擊敗，淮南再度喪失，注定壯志難酬的陳宣帝不久死去，留下一個陳後主，面對日薄西山的南朝終局。

南陳雖居於南朝末葉，但皇室與世族仍然贊助宗教活動與藝術創作不輟，當時的繪畫、書法、音樂、詩作、佛法都極為興盛，達到南朝的高峰。南陳保存的南朝文化，成為隋唐文化中的重要部分，即使是征服者隋煬帝，一見之下都被深深吸引，甚至無法自拔，開鑿大運河即與此有關。南梁時菩提達摩與梁武帝的故事世所周知，然而就在侯景之亂前夕，另一位印度高僧真諦（四九九～五六九年）也來到南朝，輾轉南方各地，並以二十年的時間，譯出佛教的經、論、紀傳六十四部，二百七十八卷，尤以《攝大乘論》、《攝大乘論釋》的翻譯影響最大，開啟南朝佛教的「攝論學派」，也是南陳時佛教發達、佛教哲學發揚光大的代表。

後庭花裡送南朝

從唐朝開始，南朝的末路成為詩人墨客吟詠的題材，如：

唐　杜牧，〈泊秦淮〉

煙籠寒水月籠沙，夜泊秦淮近酒家；
商女不知亡國恨，隔江猶唱後庭花。

唐　李商隱，〈陳後宮〉

茂苑城如畫，閶門瓦欲流，
還依水光殿，更起月華樓。
侵夜鸞開鏡，迎冬雉獻裘。
從臣皆半醉，天子正無愁。

（按，茂苑、閶門都在蘇州，借用以代指陳後主宮殿庭園的華麗。無愁，北齊後主高緯昏庸荒淫，曾作〈無愁曲〉自彈自唱，稱為「無愁天子」。此處用北齊後主代指陳後主。）

宋　曾極，〈玉樹後庭花〉

結綺臨春成草莽，繁華都入暮煙中。
後庭玉樹迎秋色，猶帶張妃臉上紅。

清　丘逢甲，〈讀南史雜詠〉十首之九

瓊花璧月唱群僚，天塹長江王氣消；

誰信官奴桃葉曲，早留遺讖送南朝。

（按，官奴，王獻之小名。桃葉曲，原名〈桃葉歌〉，王獻之為送給愛妾桃葉而作，歌詞：「桃葉復桃葉，渡江不用楫；但渡無所苦，我自迎接汝。」）

這些著名的詩詞都導源於：

陳　後主陳叔寶，〈玉樹後庭花〉

麗宇芳林對高閣，新妝豔質本傾城；
映戶凝嬌乍不進，出帷含態笑相迎。
妖姬臉似花含露，玉樹流光照後庭；
花開花落不長久，落紅滿地歸寂中。

一般認為，這首詩是南朝宮體詩的壓卷之作，達到宮體詩的最高水準。此詩一出，注定成為南朝的亡國之音，卻也是後人創作靈感的來源。

「後庭花」本是花名，江南多栽培於庭院而得名。後庭花有紅、白兩色，白花盛開時滿樹如玉，故又有「玉樹後庭花」之稱。南朝樂府民歌中有〈後庭花〉曲，又名〈玉樹後庭花〉，是樂府民歌中的一種情歌。陳後主陳叔寶為此曲填上新詞，在宮中演唱，成為當時陳朝的宮詞。

「麗宇芳林對高閣，新妝豔質本傾城。」詩以宮廷的景色起頭，轉過一圈後，帶到主角的豔麗嬪妃身上停住，電影拍攝手法也不過如此。

「映戶凝嬌乍不進，出帷含態笑相應。」描寫美豔嬪妃們應召見駕時的情態，如何儀態萬千、風情萬種。顯然無論是應召時的「乍不進」欲拒，還是接駕時的「笑相迎」還迎，都討得後主的無比歡欣。

「妖姬臉似花含露，玉樹流光照後庭。」第三句與起首呼應，以美人比花，又以花擬美人，描繪宮中美人的傾國傾城之貌，也成為陳後主流連後宮，貪戀美人的最好注腳。「妖姬」二字更說明陳後主的後宮，是絕對的「重色不重德」。

「花開花落不長久，落紅滿地歸寂中。」末句筆鋒一轉，作者陳後主驀然點出「玉樹後庭花，花開不復久」的哀愁意味，時人都認為是不祥之兆，卻充滿時不我與、及時行樂的無奈與頹廢美感。

在歷史的長河中，陳後主是個不及格的皇帝，卻是一個具有藝術修養的詩人。陳後主只圖享樂，不問政事，使國家衰敗、人民困苦，已經放棄「善」；面對新興隋朝的雷霆萬鈞之勢，不理不睬，繼續一味享樂，甚至也忽略了「真」；於是，在〈玉樹後庭花〉裡，剩餘下來畸形的「美」得到絕頂的展現。

在南朝即將落幕之際，〈玉樹後庭花〉綻放出六朝歲月的最後一抹餘暉，美麗又絕望地沒入隋唐天際。

對南朝的探訪至此結束，本書願以唐代詩人許渾的一首詩做為南朝美麗與哀愁的終曲：

唐　許渾，〈金陵懷古〉

玉樹歌殘王氣終，景陽兵合戍樓空。
松楸遠近千官塚，禾黍高低六代宮；
石燕拂雲晴亦雨，江豚吹浪夜還風。

英雄一去豪華盡，唯有青山似洛中。

我們北朝再見。

資料出處

《南史》梁武帝本紀、梁武德郗皇后傳、侯景傳
《陳書》武帝本紀、宣帝本紀、後主本紀
《全唐詩》
《玉臺新詠》
《樂府詩集》
《柏莊詩草、藥帖：丘先甲、丘逢甲、丘念臺遺墨彙集》
《攝大乘論世親釋真諦譯》

後記

一九七三年（民國六十二年）初夏，我是臺灣大學歷史研究所碩士班二年級的學生，我很徬徨，所以我去見林瑞翰老師、逯耀東老師。

研究所已經快念滿兩年了；可是除去知道自己對魏晉南北朝的歷史較感興趣外，其他一片茫然。那是保衛釣魚臺運動風起雲湧，臺大哲學系事件嚴厲肅殺的時候，對一個學歷史的年輕人而言，本來就是不好過的年代；何況我一年中好不容易琢磨出來的碩士論文構想，隱隱使我感到不安。

在史書裡我讀到東晉偏安江南時，曾幾次嘗試北伐，但皆未成功。我也讀到當時從北方逃到南方的家族稱為「僑姓」，南方本地家族稱為「吳姓」；控制政治、經濟、社會與文化的是世家大族，包括僑姓與吳姓，較低階層的人被稱為「寒門」、「寒素」或「小姓」；政府官員裡還有文官、武將之分。既然以上各種人依晉朝政府流亡到南方的時間，都可以區分為第一代、第二代、第三代等等，那麼，不同身分與世代的東晉人士，對北伐的看法與做法，究竟有什麼差別？例如第二代以後的僑姓世族還堅持北伐嗎？身為吳姓寒門的武將也會自願到北方作戰？

我知道本來想命名〈東晉的北伐之議〉的這篇畢業論文可能惹來麻煩，卻實在喜愛這個構想，捨不得放棄，只得抱著困惑，去請教那時曾在臺大歷史系開過魏晉南北朝史課程的兩位老師：林瑞翰先生與逯耀東先生。

林老師首先答應指導我這個不用功的學生；但他隨即指出，我的程度太差，基本功不足，要我把整部《晉書》與相關年代的《資治通鑑》點讀過，才能談到研究。接著他又表示，為使論文的內容充實，寫作順利，並避免可能遭遇到的政治風險，應該將研究範圍擴大到整個晉朝的世族政治，從西晉寫到東晉，還要帶到一部分南朝。治學嚴謹，為人方正，不苟言笑的林老師那天的話有點嚴厲；但我告辭出來時如釋重負，因為我知道，林老師以他的學術與人生經驗，已經為我的構想，指點出一條實際可行之路。

第二天我去找逯老師。聽完我的敘述後，逯老師深深點頭，他告訴我：「林老師訓你訓得對，你要做完基本功。這個題目可以寫，可是要很小心。」接著逯老師起身，打開一座書櫃，搬出一排書，從後面拿出兩本書，鄭重遞給我，對我說：「這是大陸史學界最近對晉朝研究的書，我從香港回來的時候，藏在襯衫底下帶進來的。你要好好看，雖然不見得同意，也要注意他們的看法。」那是我第一次看簡體字的書，果然被逯老師料中，書中的看法我不能完全同意，卻使我眼界大開，發現也可以用這種角度看歷史，了解到研究任何問題，必須先認識他人已有的研究成果。

經過林、逯兩位老師共同指導，我的論文終於寫成，也順利畢業。我的論文題目叫做〈兩晉世族政治發展演變〉，是個充滿學術氣氛，絕不起眼的名字，果然沒有引起什麼注意。

服完兵役後我投入新聞界工作，因緣際會擔任過多種職務，有了一些人生閱歷後，才體會到當年的膚淺與莽撞，也才更深深感念我的兩位指導老師。第一天林老師嚴格要求我，使我了解原始資料在歷史研究中絕對重要的地位，還以四兩撥千斤的高明遠見，化解可能的政治風險於無形；第二天逯老師把當時犯忌的簡體字書，毫不猶豫地借給第一次請他指導論文，還並不熟悉的一個學生，正顯出在那樣的一種環境裡，他堅持客觀學術研究，盡力指導史學後進的努力，與他對我這樣一個學生人格的完全信任。

林老師、逯老師皆已仙逝，他們當年教導我史法，更以身作則顯示我世法，他們是經師，更是人師，歷史學的研究精神與風格，就如此傳承下來。如今我居然也在臺北市長官邸藝文沙龍、洪建全教育文化基金會敏隆講堂等處講授過魏晉南北朝史，距離最早修習林老師的魏晉南北朝課程，竟已整整五十年。五十年間我踏過的歧路眾多，終於未曾亡失魏晉南北朝歷史之羊，如今這部南北朝史書在我古稀之年出版，或許終於可以告慰二位恩師教誨我、保護我的苦心於萬一。

葉言都於臺北

尋，江南煙雨花落盡
看，北國天下起風雲

附錄一

讓我們探訪南朝文物

南齊墓葬磚畫：竹林七賢與榮啟期圖
維基百科

南朝青瓷蓮花尊
中國國家博物館

南北朝龍鳳形玉佩
南京博物院

南朝釋慧影造釋迦牟尼佛漆金石像

上海博物館

南朝彩繪橫髻女立俑

陝西歷史博物館

南朝彩繪橫髻女坐俑

陝西歷史博物館

南朝陶牛車

中國國家博物館

尋，江南煙雨花落盡
看，北國天下起風雲

附錄二

南北朝歷史大事年表

西元年	南朝紀年	北朝紀年	歷史事件
420	東晉元熙2 劉宋永初元	北魏泰常5	宋武帝劉裕篡晉建南朝宋，東晉亡，南朝開始。
422	劉宋永初3	北魏泰常7	宋武帝死，少帝繼位。
423	劉宋景平元	北魏泰常8	北魏明元帝死，太武帝繼位。
424	劉宋景平2 元嘉元	北魏始光元	宋少帝被大臣所殺，文帝繼位。 寇謙之建北天師道。
426	劉宋元嘉3	北魏始光3	宋文帝殺徐羨之等大臣，親政，整頓吏治。
427	劉宋元嘉4	北魏始光4	北魏攻陷胡夏首都統萬城。
430	劉宋元嘉7	北魏神䴥3	劉宋北伐失敗。
433	劉宋元嘉10	北魏延和2	宋文帝殺謝靈運。
436	劉宋元嘉13	北魏太延2	北魏滅北燕。
437	劉宋元嘉14	北魏太延3	北魏通西域。
438	劉宋元嘉15	北魏太延4	劉宋開辦儒、玄、史、文四學。
439	劉宋元嘉16	北魏太延5	北魏滅北涼，統一北方，十六國時期結束，北朝開始。
440	劉宋元嘉17	北魏 太平真君元	北魏太武帝皈依道教。
443	劉宋元嘉20	北魏 太平真君4	北魏派員至大興安嶺嘎仙洞祭祀祖先，銘刻祝文。
446	劉宋元嘉23	北魏 太平真君7	北魏太武帝禁佛教。
450	劉宋元嘉27	北魏 太平真君11	北魏南征，攻至長江邊。 北魏殺崔浩及漢人世族。

西元年	南朝紀年	北朝紀年	歷史事件
452	劉宋元嘉29	北魏正平2 承平元 興安元	北魏太武帝被宦官宗愛所殺，宗愛立拓拔余為帝，後又殺之，大臣殺宗愛，立文成帝。
453	劉宋元嘉30	北魏興安2	宋太子劉劭弒文帝自立，孝武帝擊滅劉劭繼位。
460	劉宋大明4	北魏和平元	雲岡石窟開鑿。
462	劉宋大明6	北魏和平3	祖沖之制定《大明曆》。
464	劉宋大明8	北魏和平5	宋孝武帝死，前廢帝繼位。
465	劉宋永光元 景和元 泰始元	北魏和平6	北魏文成帝死，獻文帝繼位。 劉宋劉彧弒前廢帝，繼位為明帝。
466	劉宋泰始2	北魏天安元	北魏馮太后開始當政。
471	劉宋泰始7	北魏皇興5 延興元	宋明帝大殺皇室親屬。 北魏獻文帝傳位孝文帝。
472	劉宋泰豫元	北魏延興2	宋明帝死，後廢帝繼位。
476	劉宋元徽4	北魏延興6 承明元	北魏馮太后毒死太上皇獻文帝。
477	劉宋元徽5 昇明元	北魏太和元	宋後廢帝被殺，蕭道成立順帝繼位。
479	劉宋昇明3 南齊建元元	北魏太和3	齊高帝蕭道成篡劉宋，建南齊，劉宋亡。
482	南齊建元4	北魏太和6	齊高帝死，武帝繼位。
484	南齊永明2	北魏太和8	北魏推行班祿制。
485	南齊永明3	北魏太和9	北魏推行均田制。
486	南齊永明4	北魏太和10	北魏推行三長制、租庸調制。

西元年	南朝紀年	北朝紀年	歷史事件
487	南齊永明5	北魏太和11	北魏破柔然。
490	南齊永明8	北魏太和14	北魏馮太后死，孝文帝親政。
493	南齊永明11	北魏太和17	齊武帝死，廢帝鬱林王繼位。 北魏孝文帝推動遷都計畫。
494	南齊隆昌元 延興元 建武元	北魏太和18	南齊蕭鸞連廢鬱林王、海陵王二帝，繼位為明帝。 北魏遷都洛陽，改革衣冠。
495	南齊建武2	北魏太和19	北魏以漢語為國語，南征。
496	南齊建武3	北魏太和20	北魏皇室改姓元，太子私逃被廢殺。
498	南齊永泰元	北魏太和22	齊明帝死，東昏侯繼位。 北魏孝文帝南伐，敗南齊。
499	南齊永元元	北魏太和23	北魏孝文帝死，宣武帝繼位。
501	南齊永元3 中興元	北魏景明2	蕭衍起兵，立齊和帝，東昏侯被殺。
502	南齊中興2 南梁天監元	北魏景明3	梁武帝蕭衍篡齊，建南梁，南齊亡。
504	南梁天監3	北魏正始元	梁以佛教為國教。
506	南梁天監5	北魏正始3	梁北伐失敗，〈與陳伯之書〉寫作。
507	南梁天監6	北魏正始4	梁范縝著《神滅論》。 梁大破北魏軍。
510	南梁天監9	北魏永平3	北魏鑄五銖錢。
512	南梁天監11	北魏永平5 延昌元	北魏廢除「母死子貴」制度。
515	南梁天監14	北魏延昌4	北魏宣武帝死，孝明帝繼位，胡太后掌權。

西元年	南朝紀年	北朝紀年	歷史事件
516	南梁天監15	北魏熙平元	梁所建浮山堰崩潰。
523	南梁普通4	北魏正光4	六鎮之變，破六韓拔陵起事。
525	南梁普通6	北魏孝昌元	柔然出兵助北魏，六鎮之變結束，河北民變開始。
527	南梁普通8 大通元	北魏孝昌3	梁武帝捨身同泰寺。 酈道元完成《水經注》。 達摩見梁武帝。
528	南梁大通2	北魏武泰元 建義元 永安元	北魏胡太后殺孝明帝，立幼主，爾朱榮起兵，攻入洛陽。 河陰之變爾朱榮殺胡太后、幼主、大批官員，立孝莊帝。 南梁派陳慶之北伐，克洛陽。
529	南梁大通3 中大通元	北魏永安2	梁武帝第二次捨身同泰寺。 爾朱氏反攻，南梁北伐失敗。
530	南梁中大通2	北魏永安3 建明元	北魏孝莊帝殺爾朱榮等，爾朱兆殺孝莊帝，立長廣王。
531	南梁中大通3	北魏建明2 普泰元 中興元	爾朱兆殺長廣王，立節閔帝，高歡立安定王為帝對抗。
532	南梁中大通4	北魏中興2 太昌元 永興元 永熙元	高歡平定爾朱氏，殺節閔帝、安定王，立孝武帝。
534	南梁中大通6	北魏永熙3 東魏天平元	北魏孝武帝被高歡擊敗，逃往關中投奔宇文泰，被殺。高歡立孝靜帝，東魏開始，北魏因分裂而結束。
535	南梁大同元	東魏天平2 西魏大統元	宇文泰立西魏文帝，西魏開始，與東魏開始長期作戰。 西魏蘇綽制定户籍法、記帳法。

西元年	南朝紀年	北朝紀年	歷史事件
537	南梁大同3	東魏天平4 西魏大統3	東、西魏沙苑大戰，宇文泰擊敗高歡。
538	南梁大同4	東魏元象元 西魏大統4	西魏與柔然和親。
543	南梁大同9	東魏武定元 西魏大統9	邙山之戰，東魏大敗西魏。
544	南梁大同10	東魏武定2 西魏大統10	西魏蘇綽制定六條詔書。 東魏檢括户口。
545	南梁大同11	東魏武定3 西魏大統11	東魏高歡娶柔然公主。 西魏蘇綽仿《尚書》文體作《大誥》。
546	南梁大同12 中大同元	東魏武定4 西魏大統12	梁武帝第三次捨身同泰寺，贖金2億錢。
547	南梁中大同2 太清元	東魏武定5 西魏大統13	高歡死，高澄繼承，幽禁東魏孝靜帝。 梁武帝第四次捨身同泰寺。
548	南梁太清2	東魏武定6 西魏大統14	侯景叛梁，攻入建康，圍臺城。 真諦至建康。
549	南梁太清3	東魏武定7 西魏大統15	侯景攻破臺城，梁武帝死，侯景立梁簡文帝繼位。 東魏高澄遇刺死，高洋繼承。
550	南梁太清4 大寶元	東魏武定8 北齊天保元 西魏大統16	北齊文宣帝高洋篡東魏，建北齊，東魏亡。 西魏行府兵制。
551	南梁大寶2 天正元	西魏大統17 北齊天保2	侯景廢殺簡文帝，立豫章王，後篡位稱帝，國號漢。蕭繹自立為元帝。 西魏文帝死，廢帝繼位。
552	南梁承聖元	西魏廢帝元 北齊天保3	陳霸先等擊侯景，侯景敗死。

西元年	南朝紀年	北朝紀年	歷史事件
554	南梁承聖3	西魏廢帝3 恭帝元 北齊天保5	西魏宇文泰廢殺廢帝，立恭帝。西魏攻破江陵，俘梁元帝，佔領荊州。梁元帝城破前大舉焚書。顏之推被俘北去。 西魏皇帝復姓拓跋。
555	南梁承聖4 紹泰元	西魏恭帝2 北齊天保6	陳霸先立梁敬帝。 西魏立蕭詧為帝於江陵，後梁開始。 北齊滅道教。
556	南梁紹泰2 太平元	西魏恭帝3 北齊天保7	西魏仿《周禮》設六官。 宇文泰死，宇文覺繼承，宇文護掌權。
557	南梁太平2 南陳永定元	北齊天保8 北周孝閔帝元 明帝元	北周孝閔帝宇文覺篡西魏，建北周，西魏亡，北魏相關政權全部終結。 北周宇文護廢殺孝閔帝，立明帝。 陳武帝陳霸先篡梁，建陳朝，南梁亡。
559	南陳永定3	北齊天保10 北周武成元	陳武帝死，文帝繼位。 北齊文宣帝死，廢帝繼位。
560	南陳天嘉元	北齊乾明元 皇建元 北周武成2	北周宇文護弒明帝，立武帝。 北齊孝昭帝廢殺廢帝稱帝。
561	南陳天嘉2	北齊皇建2 太寧元 北周保定元	北齊孝昭帝死，武成帝繼位。
565	南陳天嘉6	北齊河清4 天統元 北周保定5	北齊武成帝傳位後主。
566	南陳天康元	北齊天統2 北周天和元	陳文帝死，廢帝繼位。
568	南陳光大2	北齊天統4 北周天和3	陳宣帝廢殺廢帝繼位。 北齊太上皇武成帝死。

西元年	南朝紀年	北朝紀年	歷史事件
572	南陳太建4	北齊武平3 北周天和7 建德元	北周武帝殺宇文護等，開始親政。
573	南陳太建5	北齊武平4 北周建德2	北齊後主殺蘭陵王。 陳派吳明徹北伐，敗北齊，取淮南地區。
574	南陳太建6	北齊武平5 北周建德3	北周武帝滅佛教，兼及道教。
575	南陳太建7	北齊武平6 北周建德4	北周大舉攻北齊。
577	南陳太建9	北齊承光元 北周建德6	北齊後主傳位幼主，北周滅北齊，俘後主、幼主、馮左皇后等，北方統一。 南陳北伐，敗於北周，喪失淮南地區。
578	南陳太建10	北周建德7 宣政元	北周武帝死，宣帝繼位。 庾信作〈哀江南賦〉。
579	南陳太建11	北周大成元 大象元	北周宣帝傳位靜帝。
580	南陳太建12	北周大象2	楊堅為北周攝政，封隋王。 北周太上皇宣帝死。
581	南陳太建13	北周大象3 大定元 隋開皇元	隋文帝楊堅篡北周，建隋朝，北周亡。 北朝結束。
582	南陳太建14	隋開皇2	陳宣帝死，後主繼位。
587	南陳禎明元	隋開皇7	隋滅後梁。
588	南陳禎明2	隋開皇8	隋以楊廣統軍大舉攻陳。
589	南陳禎明3	隋開皇9	隋攻入建康，俘陳後主，陳亡。 南朝結束，南北朝結束，中國復歸統一。

作家作品集 0089

葉言都探歷史

讓我們來到南朝——尋，江南煙雨花落盡

作　者—葉言都
主　編—李麗玲
校　對—李麗玲、沈維君
地圖繪製—邱佳葳
封面暨內頁設計—陳恩安
企　劃—金多誠
內頁排版—立全電腦印前排版有限公司

總編輯—曾文娟
董事長—趙政岷
出版者—時報文化出版企業股份有限公司
一〇八〇一九 台北市和平西路三段二四〇號七樓
發行專線—（〇二）二三〇六—六八四二
讀者服務專線—〇八〇〇—二三一—七〇五
（〇二）二三〇四—七一〇三
讀者服務傳真—（〇二）二三〇四—六八五八
郵撥—一九三四四七二四時報文化出版公司
信箱—一〇八九九臺北華江橋郵局第九九信箱

時報悅讀網—http://www.readingtimes.com.tw
電子郵件信箱—new@readingtimes.com.tw
法律顧問—理律法律事務所 陳長文律師、李念祖律師
印　刷—紘億印刷有限公司
初版一刷—二〇一九年十月十八日
初版五刷—二〇二一年三月三十日
定　價—新台幣三五〇元

時報文化出版公司成立於一九七五年，
一九九九年股票上櫃公開發行，二〇〇八年脫離中時集團非屬旺中，
以「尊重智慧與創意的文化事業」為信念。

讓我們來到南朝：尋,江南煙雨花落盡 / 葉言都著. -- 初版. -- 臺北市：時報文化, 2019.10
面；　公分. -- (作家作品集；89)(葉言都探歷史)
ISBN 978-957-13-7984-5(平裝)

1.南朝史

623.5　　108016583

ISBN 978-957-13-7984-5（平裝）
Printed in Taiwan